马雷军◎总主编

生命安全课
教师指南

（初中）

马焕灵/主编

中国轻工业出版社

图书在版编目（CIP）数据

生命安全课教师指南．初中／马焕灵主编．—北京：
中国轻工业出版社，2016.2
ISBN 978-7-5019-7646-1

Ⅰ．①生… Ⅱ．①马… Ⅲ．①安全教育－初中－教学
参考资料 Ⅳ．①G633.203

中国版本图书馆 CIP 数据核字（2016）第 029315 号

责任编辑：刘云辉　　责任终审：劳国强　　封面设计：刘　珍
版式设计：王志利　　责任监印：张　可

出版发行：中国轻工业出版社（北京东长安街 6 号，邮编 100740）
印　　刷：永清县晔盛亚胶印有限公司
经　　销：各地新华书店
版　　次：2016 年 2 月第 1 版第 1 次印刷
开　　本：710 × 1000　1/16　　印张：15.25
字　　数：250 千字
书　　号：ISBN 978-7-5019-7646-1　　定价：36.00 元
邮购电话：010－65241695　　传真：65128352
发行电话：010－85119835　85119793　　传真：85113293
网　　址：http://www.chlip.com.cn
Email：club@chlip.com.cn
如发现图书残缺请直接与我社邮购联系调换
151615Y1X101HBW

编 委 会

总　主　编： 马雷军

本 书 主 编： 马焕灵

本书副主编： 申　伟　毛丙波　关　宇

本 书 编 委： 于童瑶　王瑜龙　张文雯　李佳萦

王一多　马琳娜　王　琳

总　序

孩子是家庭的希望，学生是祖国的未来。校园安全是教育的存在之本和发展之源，学校安全教育工作是否到位，直接关系到广大学生能否安全、健康地成长，关系到亿万家庭的切身利益，关系到社会的稳定发展。因此，加强学校安全教育，是学校教育工作中的一项重要内容，是教育科学发展的有力抓手，是学生获得全面健康发展的重要保证。

当前，我国处于经济发展的战略机遇期，同时，也是矛盾多发期，社会上还存在种种不和谐的现象，还有许多影响中小学生安全的外在因素，校园安全工作责任重于泰山。

安全是人们生活中极为重要而又很容易被忽视的问题。一方面，传统教育使中小学校教育、家庭教育的价值取向偏重于认知教育，而忽略对生命个体存在价值和生命质量的关注，安全教育停留在消极的保护状态。这也是造成中小学生安全意识弱，生存、自护、自理能力差，适应能力、抗挫折能力差，影响学生全面发展的主要原因；另一方面，随着社会经济的发展和教育改革的不断深入，中小学生的活动领域越来越广泛，自然灾害、突发事故时有发生，对广大师生的生命安全造成了极大的威胁。因此，重视和加强校园安全教育，是保证育人环境和学生健康成长的关键和前提。

青少年是21世纪的接班人，是祖国的希望和未来。学校安全教育搞得如何，直接关系到广大学生能否健康成长，关系到广大群众的切身利益，关系到社会稳定、民族兴旺和国家前途。加强校园安全教育是学生生命发展的需要，有利于学生的健康成长，有利于增强学生的生命意识和正确观念的形成，有助于培养其面临危险和灾难时的自信心和判断能力、自我保护能力、自救互救能力和对社会安全的贡献力，有利于社会、学校和家庭的和谐发展。

“一所没有安全保障的学校是不合格的学校；一个不具备安全意识的教师是不称职的教师”，保障孩子们的安全，是广大中小学校和教育工作者义不容辞的责任。中小学校和教师是开展生命教育、校园安全教育的承载者，是开展教育活动的主体和具体实施者，在培养中小学生自护自救能力、防灾逃生能力，帮助学生掌握遇到危险时自护、自救、逃生和报警的基本方法等方面，发挥着不可替代的作用。

本套书是帮助中小学教师开展教育教学活动和进行安全知识授课的指导丛书，主要包括以下两方面内容：

一是不同学段学生各类安全事故的预防与应对：依据不同学段学生的心理和生理特点，以分类的方式对各类安全事故的预防与应对进行认知性描述，具有知识性、系统性和可操作性的特点。

二是不同学段安全教育课程的教学设计：每个学段各类安全事故的预防和对应知识点2~4个。课程教学设计主要包括教学内容、教学设计、教学素材和知识链接四个层面。课程设计的安全知识深入浅出，充分考虑到不同学段学生的理解能力、学习能力和现实需求。

本丛书是在国家大力推进基础教育改革、加大中小学校安全教育的背景下编辑出版的，希望能对中小学安全教育任课教师和班主任开展校园安全教育教学及相关活动有所帮助和引导。书中引用并参考了很多相关文献及理论著作，在这里向有关作者表示衷心感谢！

由于能力和知识水平有限，书中难免有不足之处，敬请专家和广大教师赐教。

编　者

2015年11月于沈阳

前言

Preface

初中在孩子求学生涯中是一个重要的承上启下阶段，是孩子成长的关键时期。思维在这个阶段成长，性格在这个阶段初步确立。孩子正处在人生中绚丽多彩、充满幻想的美好花季，也是容易产生两极分化，成为各种问题层出不穷的起始和首要阶段。人的未来发展及幸福往往是由这一阶段奠基。所以在这个阶段，无论学校、社会，还是教师、家长都要特别关注孩子的安全教育。

本书紧密结合初中阶段学生的特点，依据安全教育大纲的要求，从六个方面对初中学段学生面临的安全问题进行阐述，并提出预防和应对策略：一是社会安全类事故的预防与应对；二是公共卫生类事故的预防与应对；三是意外伤害类事故的预防与应对；四是网络信息安全类事故的预防与应对；五是自然灾害类事故的预防与应对；六是影响学生安全的其他事件的预防和应对。此外，书中还对初中学段的安全教育的课程教学提出总体设计，既利于指导教师开展校园安全教育活动，也方便教师开展校园生命安全教学。

目录 Contents

第一部分　预防和应对社会安全类事故

在初中阶段，安全教育的主要方面应该在于侧重了解与安全有关的基本知识；强化自我保护意识；掌握确保安全的基本方法；强调个人安全，兼顾公共安全。本部分分为三课，分别讲述娱乐场所的危害、性侵的避免以及敲诈恐吓的应对，使学生在懂得远离危险和处理险情的同时，树立正确的人生观和价值观，并用其指导实践，使知识与实践合一。

第二部分　预防和应对公共卫生类事故

公共卫生类的事故是发生在学校最为常见的安全事故之一。本部分主要结合初中学生的发育特点，从青春期的预防、远离艾滋病及毒品的方面展开，使学生了解青春期身心方面的变化，认识到艾滋病和毒品的危害，并及时预防此类校园公共卫生事故的发生，保证学生健康发展。

第三部分　预防和应对意外伤害类事故

意外伤害是指因意外导致身体受到伤害的事件，常用于保险业。按照保险业的常见定义，意外伤害是指外来的、突发的、非本意的、非疾病的使身体受到伤害的客观事件。初中生介于小学与高中之间，是容易被忽视的群体。由于小学生年纪小，所以有父母、老师给予的“特殊”关爱。初中生的各方面阅历丰富起来，也可以适当地避免意外的发生。所以对于初中生的意外伤害类事故要更加重视，随着工业化社会生活方式的改变，人群暴露于意外伤害事故的危险度急剧增长。初中生经常发生的意外事故有：交通意外、设施使用意外、校园活动意外等。

第四部分　预防和应对网络信息安全事故

网络在现代社会扮演着不可取代的角色，可是随之而来的是大量的问题。本部分包括三课：网络安全要强化、网络诈骗要提防、沉溺网络不应当，其中网络诈骗与沉溺网络是当前存在的最大问题。网络安全要强化，首先在意识中为初中生敲响警钟，只有意识提高才能处处小心。网络诈骗要提防，其中包括网络诈骗常用的手段以及网络交易的注意事项。沉溺网络不应当，其中包括一个个生动的案例以及沉溺网络的危害性。教师要抓住初中生的年龄特点，要贴近他们的生活，不要过度地理论化，会使课堂效果增强。

第五部分　预防和应对自然灾害类事故

本部分是针对初中生如何对自然灾害类事故的预防和应对来叙述的，主要包括三课，分别是沙尘暴来不慌张、泥石流到心不伤和雷电常识须牢记。每课都结合了初中生的心理特点与接收能力，基于初中生的视角下对沙尘暴、泥石流以及雷电三类自然灾害进行了深度剖析，如此类自然灾害的概念、产生的原因、影响、如何预防以及灾难来时如何应对等，借以有效地帮助初中生了解此类自然灾害，让其学会在灾害来临之前更好地做好预防，在灾害来时临危不惧，懂得更好地保护自己。

第六部分　预防和应对影响学生安全的其他事件

本部分主要包括三课，分别是和睦相处　远离校园暴力，青春烦恼要抛弃和人际交往要护己。这三课所涉及的内容都是预防和应对影响学生安全的其他事件中的重要组成部分，我们一定要做到师生共同学习、教学相长、积极思考，才能使学生学会相关的知识和内容，促进我们广大的中学生全面健康发展。

第一部分

预防和应对社会安全类事故

内容提要

在初中阶段，安全教育的主要方面应该在于侧重了解与安全有关的基本知识；强化自我保护意识；掌握确保安全的基本方法；强调个人安全，兼顾公共安全。本部分分为三课，分别讲述娱乐场所的危害、性侵的避免以及敲诈恐吓的应对，使学生在懂得远离危险和处理险情的同时，树立正确的人生观和价值观，并用其指导实践，使知识与实践合一。

第一课　娱乐场所要远离

一、教学内容

《中华人民共和国预防未成年人犯罪法》（以下简称《预防未成年人犯罪法》）第十四条规定，未成年人不得有九项不良行为，其中第八项是不得“进入法律、法规规定未成年人不适宜进入的营业性歌舞厅等场所”。依照有关法律、法规的规定，不适宜未成年人进入的场所主要有以下几种：

（1）营业性歌舞厅、酒吧、夜总会、通宵电影院；

（2）带有赌博性质的娱乐室、游戏场；

（3）营业性台球房；

（4）电子游戏场所，在国家法定节假日外不得向中小学生开放（寒暑假不属于国家法定节假日）；

（5）审定为“少儿不宜”的影片、录像、录音等的播放场所。

这些场所人员特别复杂，对未成年人的安全、健康成长十分不利。有的经营者或者从业人员为了迎合部分消费者的低级趣味，往往营造暴力、赌博、色情等不健康的氛围，对未成年人的成长十分有害，甚至成为诱发未成年人犯罪的重要因素。未成年人天性爱玩，好奇心、模仿能力强，然而自己又没有独立的生活来源，有的学生玩电子游戏上了瘾，导致学习成绩迅速滑坡。有的学生逃学、逃课去玩电子游戏，没有钱就去盗窃、抢劫，最终走上犯罪道路。对此，法律要求未成年人的父母或者其他监护人和学校应当教育未成年人不要进入这些场所。同时，法律对经营者和经营场所做了限制性规定。

《娱乐场所管理条例》第二十三条规定：“歌舞娱乐场所不得接纳未成

年人。除国家法定节假日外，游艺娱乐场所设置的电子游戏机不得向未成年人提供。”

《预防未成年人犯罪法》第三十三条规定：“营业性歌舞厅以及其他未成年人不适宜进入的场所，应当设置明显的未成年人禁止进入标志，不得允许未成年人进入。营业性电子游戏场所在国家法定节假日外，不得允许未成年人进入，并应当设置明显的未成年人禁止进入标志。对于难以判明是否已成年的，上述场所的工作人员可以要求其出示身份证件。”

根据《预防未成年人犯罪法》第五十五条的规定，这些场所违反本法第三十三条规定，不设置明显的未成年人禁止进入标志，或者允许未成年人进入的，由文化行政部门责令改正、给予警告、责令停业整顿、没收违法所得，处以罚款，并对直接负责的主管人员和其他直接责任人员处以罚款；情节严重的，由工商行政部门吊销营业执照。

根据该法第五十六条的规定，教唆、胁迫、引诱未成年人实施本法规定的不良行为、严重不良行为，或者为未成年人实施不良行为、严重不良行为提供条件，构成违反治安管理行为的，由公安机关依法予以治安处罚；构成犯罪的，依法追究刑事责任。

二、教学设计

【例1】

对营业性歌厅、舞厅、酒吧说“不”

（一）教学目标

（1）通过教学使学生知道营业性歌厅、舞厅、酒吧等是不适宜未成年人进入的场所，我国法律在此方面有哪些具体规定。

（2）在教学中通过案例让学生逆向思维、多角度分析，提高学生辩证思维的能力。

（3）教会学生明辨是非，自觉地远离营业性歌厅、舞厅、酒吧等场所，树立正确的人生观、价值观。

（二）教学内容

认识营业性歌厅、舞厅的危害，自觉抵制。

(三) 教学课时

1课时

(四) 教学过程

某一年的圣诞节，广东中山市一酒吧发生火灾，酿成26人死亡、11人受伤的惨剧。更令人惊讶的是，死伤者多为在圣诞节夜晚到酒吧聚会的当地学生，其中包括部分未成年人。学校一放假，“自由”了的学生如何安全度假，成为众多家长面临的难题。“自由”了的学生免不了要到外面去娱乐，很多娱乐场所是严禁未成年人进入的。但是，许多未成年人还是走进了他们不应进入的娱乐场所。

1.情景重现

镜头一　学生结伴进迪厅

时间：1月6日晚10时

地点：汉口江滩某迪厅

在生意红火的迪厅门口，不少的士有序地排着队等着生意。记者与多名出租车司机聊起此事，一出租车司机称，每到周末，他经常能载上成对醉酒的男女学生。平安夜和圣诞节两个晚上，他就载过几对学生情侣，年龄差不多十六七岁，女的醉得尤其严重。

1月6日晚10时，记者来到武汉迪厅的集中地之一——汉口江滩。红灯笼、彩灯将夜幕下的江滩衬托得格外迷人，因为气温太低，迪厅门口没有像往日那样热闹，偶尔出来几个透气的青年人。

在某迪厅门口，一辆的士停了下来，三名男生下了车，从外表看很像是中学生。

“你在哪里？快点来啊，都在等你！”一名穿着哈韩服饰的小男生正拿着手机焦急地打电话，另两名男生头发梳成“火山”式，也是一身哈韩装扮，斜叼着香烟。从他们的身形、面容和眼神可以看出，他们应该都是只有十五六岁的未成年人。几分钟后，两名脸上浓妆艳抹的小女孩提着个大挎包匆匆赶到门口。

简单说了几句话后，5人直接进入了迪厅。记者看到，站在门口的保安就像没有看到他们一样，没有丝毫阻拦，记者随即跟了进去。一进门，门口的迎宾小姐热情地迎了上来，准备为5人安排座位，5人却直接走到一个卡座，原来他们早早就预订好了座位。5人坐下后，几名酒水推销员手里拿着各种酒拥了上去。一番商量后，其中一人一边大声喊，一边向服务员比画。服务员过来后，他们当场付给了服务员500元钱。几分钟后，服务员拿着一瓶洋酒、几瓶绿茶来到了卡座。

在震耳欲聋的音乐及酒精的作用下，5人很快随着音乐摇摆起来，其中两对一眼就看出是情侣，他们时不时地相拥亲吻。记者在该迪厅内看到，共有十来张稚嫩面孔。他们大多五六人一组，有男有女，有的相互搂在一起大笑，有的随着音乐疯狂摇摆。

在迪厅门口，记者遇到一名刚下的士的学生，一脸稚嫩。问起为何来迪厅，他一脸无奈地说："我今年15岁，读高一，平时也不喜欢这种地方，但要好的同学今天过生日，别人定好了在这里，我也没有办法。"这名学生表示，很多同学的娱乐活动就是去茶坊打牌或者唱卡拉OK。

离开汉口江滩后，记者随后来到另一迪厅酒吧集中地——鄱阳街。在某酒吧门前记者发现，三四名学生模样的男生扶着两名醉意蒙眬、呕吐不止的女学生。"你们不要管我，让我走好了！"两名女学生显然醉了，不停地说着胡话。女孩子一会儿抱着男生痛哭，一会儿大骂不止，再一会儿则乱抓自己的头发，窘态百出。地上，她们留下的呕吐物散发着难闻的气味。

凌晨零时左右，仍陆续有学生歪歪斜斜地走出酒吧大门，也有学生兴致勃勃地陆续买票进酒吧。在另一酒吧门前，一名小女生已经醉得走不动路，被一名年龄相仿的男孩扶了出来。几分钟后，从酒吧里出来两名年龄相仿的男孩，帮忙扶住女孩，然后男孩脱下一件衣服盖在女孩身上，坐在一旁用大腿给女孩当"枕头"让女孩睡下，其他两名男孩又进去继续喝酒。这名女孩就一直这样在酒吧门口昏睡，不时伸长脖子呕吐，男孩和几名同伴却在一旁聊天欢笑。

镜头二　学生茶楼搓麻将

时间：1月5日晚8时

地点：东亭路某游戏机室

5日晚，记者来到了报社附近的几家游戏机室调查未成年人的情况，却偶然发现了几名学生在游戏机室里商议到茶楼打麻将。

在东亭路，三家游戏机室紧紧挨在一起。在其中的一家，记者发现，两名学生嘴里叼着香烟，正在游戏机前激战，旁边还站着几名“小观众”，他们的神情随着游戏机屏幕的变化而变化。

正当记者准备离开时，4 名学生也准备从游戏机旁离开。“我们去打麻将吧，这里玩得不爽!”一名学生的提议得到了大家的赞许，4 人商量一会儿后，离开了游戏室。出门后，4 人上了一辆的士，记者紧随其后。

在附近的一座茶楼前，的士停了下来。4 人下车后快速进入了一个包房，随后包房内就传来了阵阵麻将声。①

2. 教师给出学生不能进歌厅、舞厅等场所的原因

(1) 活动内容不适宜。营业性歌厅、舞厅的活动内容包括男女交谊舞、饮酒、品茶、点歌等，这些活动不适宜中学生。

(2) 费用较高。营业性歌舞厅是高消费场所，一般工薪阶层的成年人都很少问津，没有经济来源的中学生就更不应该进入。

(3) 秩序安全难以保证。在这类场所极易发生寻衅滋事、打架斗殴等伤人事件，或出现赌博，甚至色情活动，个别的还有卖淫嫖娼等社会丑恶现象。

青少年尚处于身心发育不完全时期，自控能力不强，过早地接触成人娱乐场所势必会对其身心造成一定的影响，严重的甚至会因此而坠入犯罪的深渊。

【简要评析】

本教学设计是一个十分完整的教学设计，以案例的形式引入教学主题，容易引起学生的关注。真实的案例重现更具有真实性，以旁观者的角度来看，使学生更能切实地感受到营业性歌厅、舞厅对中学生的危害。教师又给出学生不能进入营业性歌厅、舞厅的原因，其中的内容贴近学生生活，并具有很强的现实意义，实现了理论的升华。这样的教学过程能够很好地教育学生明辨是非，自觉地远离营业性歌厅、舞厅，达到预期的教学目标。

---

① 营业歌舞厅、酒吧谁真正对未成年人进入说不［DB/OL］. http://www.cnhubei.com/200601/ca972470.htm.

【例2】

明辨是非，拒绝不良诱惑

（一）教学目标

（1）通过教学使学生了解歌厅、舞厅、游戏厅等营业性场所对未成年人的不良诱惑。

（2）采用教师提问，学生讨论回答的教学方式，并培养学生“透过现象看本质”的能力。

（3）培养学生面对诱惑客观分析、理智拒绝的能力。

（二）教学内容

通过教学使学生了解营业性场所对学生的不良诱惑及其对未成年人的危害。

（三）教学课时

1课时

（四）教学过程

在我们身边存在很多诱惑，如金钱的诱惑、网络游戏的诱惑、烟酒的诱惑、黄赌毒的诱惑、邪教的诱惑等，这些诱惑都不同程度地吸引着我们。

（1）教师提问：同学们来说说游戏机都有什么诱惑啊？

学生进行讨论……

然后教师总结：理解游戏机的诱惑。

①适当的、有节制的娱乐有积极作用。同学们要辩证地看待游戏机，既要认识到它的“利”，又要认识到它的“弊”。

②网络游戏对青少年有一定的诱惑。同学们如果过度地迷恋网络游戏，网络游戏就成了不良诱惑。

③青少年沉溺于网络游戏的危害。a. 长时间沉迷于网络，造成身心劳累，眼睛近视，还会影响学习。b. 上网费用高，既给家庭增加经济负担，又容易养成不良习惯。c. 网上的信息良莠不齐，许多垃圾信息对青少年的思想冲击较大，毒害较深。

④要坚决抵制沉迷于网络游戏的行为。青少年要增强辨别是非的能

力，坚决抵制社会的不良诱惑，注意提高自己的心理免疫力，认清成瘾行为的危害性，培养正当的、有益身心的兴趣爱好，以丰富多彩的课余活动来替代成瘾行为。

(2) 教师提问：同学们来说说不良诱惑都有哪些危害啊?

学生进行讨论……

教师进行总结：

①对个人：严重影响学习和生活，危害个人的健康和发展，纪律涣散、不思进取、好逸恶劳、投机取巧，极易诱发各种犯罪，走上违法犯罪的道路。

②对家庭：会给家庭带来极大的危害，影响家庭幸福，甚至导致家破人亡。

③对社会：会给社会带来极大的危害，诱发各种犯罪，破坏社会秩序，扰乱社会治安。

(3) 教师提问：那作为青少年的同学们要怎样学会拒绝不良诱惑呢?

学生进行讨论……

教师总结：

①面对不良诱惑，首先思考它会给我们的生活和学习带来什么不良影响，客观地分析其危害性，理智地拒绝不良诱惑。

②把时间和精力放在学习和健康的娱乐上，不涉足营业性歌舞厅、不健康的录像厅、游戏厅和网吧等容易滋生黄、赌、毒和其他不良现象的场所，发现学校周边200米内有营业场所的要举报。

③学会控制自己的欲望和冲动，特别是在无人监督的时候，要严格要求自己，克制自己的冲动和欲望，不做自己不应该做的事情。

④遵守道德规范、法律法规和校纪校规。

【简要评析】

上面的教学是教师在课堂对学生的讲述，作为未成年人要自觉，不能进入营业性场所的有效教育教学的过程。在教师提问、学生讨论、教师总结这样轻松的教育教学过程中，让学生熟悉和掌握了那些营业性的歌厅、舞厅对学生的毒害，并善意地引导学生，能够比较有效地使学生自觉抵制这些营业性场所。本教学设计起到了安全教育的目的，同时还进一步拓展了学生们的眼界，是一项典型的安全法规的教学设计。

三、教学素材

相关案例

宁宁是某中学初二学生。他家庭经济条件优越，父母平时给他的零花钱很多。他一有空，就到学校外面玩儿，反正不愁没钱花。自从他有一次经朋友带领，到一家营业性歌舞厅玩过之后，觉得歌舞厅里的那种气氛很浪漫、很刺激。有什么烦恼，一进去就好了，所以，他经常光顾，成了那里的常客。不久，他便跟歌舞厅里的一位小姐混得很熟。两人时常在一起。后来，班主任发现他经常不上晚自习，经了解得知他往往很晚才回宿舍，偶尔还彻夜不归，上课打瞌睡，便找他谈话。宁宁承认是到歌舞厅去玩儿了。学校给予宁宁通报批评的处分，并作为典型例子教育学生，不得进入营业性歌舞厅等场所。学校还通知宁宁的家长，要求家长配合学校对他进行批评教育。

专家指出，未成年人发育尚未完全，各器官功能尚不完备，对酒精的耐受力低，肝脏处理酒精的能力差，因而更容易发生酒精中毒及脏器功能损害，影响记忆力及正常的生长发育，还可能埋下肝硬化、胃癌、心血管病等疾病隐患。同时，未成年人神经系统还较为稚嫩，自制能力差，酒后易导致行为失控，诱发各种事故甚至危及生命，如偷食禁果、与人争斗、擅自驾车等。

据网上一项调查显示，通过对2 000余名未成年犯和1 000余名普通未成年人调查资料的分析比较后发现，城市闲散未成年犯居住的社区中的歌舞厅、游戏厅、录像厅等“儿童不宜”的低层次文化娱乐场所分别为72.2%、74.1%和83%，明显高于城市普通未成年人所处环境中此类娱乐场所26.3%、22.9%、50.3%的比例，是影响未成年人犯罪行为产生的重要外部因素。①

---

① 为什么未成年人不适宜进入营业性歌舞厅［DB/OL］. http：//zfw. jconline. cn/OldZFW-Web/shenghuoyufa/zuifayufang/20040804092638. htm.

四、知识链接

我国《预防未成年人犯罪法》第二十六条规定："禁止在中小学校附近开办营业性歌舞厅、营业性电子游戏场所以及其他未成年人不适宜进入的场所。"

法律之所以这样规定，是因为这些场所会对未成年人产生负面影响。

这些地方都是高消费场所，无论活动内容还是方式、环境、气氛等都不适宜未成年人；未成年人又没有经济来源，为进入这些地方，不少人便会采取非正常手段去获得金钱，容易走上犯罪道路。

在中小学附近开办这类场所，会增加其负面影响。其一，扰乱了学校的教学秩序。歌厅舞厅和录像厅为招徕顾客，常用音箱高声放乐曲，影响教师正常教学，学生也无法安心学习。其二，对未成年人产生诱惑力。未成年人上学放学都要经过这些场所，耳濡目染，会使他们因好奇而进去探个究竟，慢慢地无法自拔。其三，便利了未成年人的进入。有的学生利用课间溜到游戏机室，玩起来就忘了时间。

在中小学附近开办未成年人不适宜进入的娱乐场所，增强了对未成年人的诱惑力，增加了他们进入这类场所的可能性。所以，国家法律明令禁止在中小学校附近开设营业性歌舞厅、电子游戏厅等场所。[①]

---

① 营业性歌舞厅场所要远离中小学［DB/OL］. http：//www. people. com. cn/GB/channel4/966/20000623/115667. html.

第二课　恶意性侵必提防

一、教学内容

校园性侵事件不是我国特有的问题，这一现象在其他国家也较为严重。目前，学界对校园性侵还没有一个准确的界定。以往的相关研究指出，所谓校园性侵害，是指发生在校园内及周边，侵犯者以满足其性欲为目的，通过暴力、诱骗、物质引诱等方式，诱导中学生（18周岁以下）进行性接触（包括身体与非身体）的行为。性侵害的表现形式多种多样，如强奸、乱伦和猥亵行为；诱导中学生观看或触摸性器官；向中学生提供不当的性信息。也有研究者认为，性侵害内容包括抚摩中学生的性器官、允许中学生观看色情或淫秽电影录像等。据媒体统计，自2013年5月8日海南万宁发生“小学校长带女生开房”事件起，20天内全国至少有8起校园内猥亵性侵幼女案被曝光。深圳市检察院的数据显示：2011年至今，深圳市检察机关审查起诉猥亵中学生案105件，其中，2011年有42件，2012年有43件，2013年20件；涉案人员为教师、保安、校车司机等。这些仅仅是经过媒体曝光的，此类事件数量之多，由此可见一斑。

许多中学生遭受性侵害的过程，并不一定是被“暴力”占有，而是被“温柔”吸引。因为，对中学生造成性伤害的人许多来自周围的熟人——老师、同学、邻居等。有的侵害者利用了中学生的信任和崇拜对其进行伤害，有的则利用中学生需要别人关爱的善良本质和对大人权威的恐惧作案。为此，保护好孩子的安全，让他们远离性侵害，应该是引起我们全社会高度关注的问题。

（一）如何辨识孩子已遭到性侵害

1. 生理方面

（1）生殖器官（包括阴部、肛门、尿道）有受伤、疼痛、出血或感染症状。

（2）行走或坐卧时感到不适。

（3）处女膜破裂或两腿内侧红肿、瘀伤现象。

2. 行为方面

（1）异于平常的情绪反应，如恐惧、退缩、攻击等。

（2）对异性或特定的成年人反应异常，不是过分亲昵，就是极度害怕逃避。

（3）极力掩藏生殖器官等身体部位。

（二）预防措施

（1）指导中学生适宜的穿着和言行。

（2）指导中学生正确的性观念：任何人提出的性接触，都要断然拒绝。

（3）让中学生了解身体某些部位属于个人隐私，别人不可以随便碰触。

（4）让中学生学习分辨不同形式的触摸，哪些是可以的，哪些是不可以的。

（5）对于不当或不舒服的身体接触，要勇敢地说“不”。

（6）陌生人或熟人都可能是性侵害的加害人，应避免独自在无人的场所逗留。

（三）孩子遭到性侵害，该怎样处理

1. 维护隐私

处理时，应维护孩子的隐私与尊严，顾及孩子的感受，避免受到二度伤害。

2. 了解事实

鼓励孩子说出实话，并给予支持并营造一种安全感。

3. 危机处理

（1）保存受害的证据。

（2）安排孩子到医院检查、治疗。

（3）知会当地性侵害防治中心。

（4）带孩子接受心理辅导。

4. 心理支持

（1）倾听、接纳、理解孩子的感受，相信孩子所说的事情真相。

（2）告诉孩子这件事他没有错，他还是好孩子。

（3）表达父母的关心，给他温暖与安全感。

（4）请学校心理辅导老师配合辅导。

（四）预防性骚扰，孩子必须学会的10件事

1. 人的身体是属于自己的

“你的身体是属于你自己的。你的身体是隐私的，特别是性器官部分。没有任何人有权利看或是摸你这部分的身体，除非是爸爸妈妈为你洗澡的时候，或是医生为你检查的时候。”

2. 不需要帮坏人保守秘密

“如果有人看过或碰过你这部分的身体，或是有人企图或要求这样做，你都一定要告诉父母。如果这样的事情发生了，我们绝对都不会因此就生你的气。我们会很高兴你把实情告诉我们，这是正确的选择。记住，无论是谁，如果他要求你保守这样的秘密，那肯定是错的，即使这个人是民警、你的老师、亲戚、护士或是医生”。

3. 相信你的感觉

“你的身体是属于你的，我们相信你，也要求你相信自己的感觉，所以如果有人看你或是摸你的方式，让你觉得很不舒服，我们希望你相信自己的判断，并选择离开他们。”

4. 你也不能触碰其他人的隐私部位

“和别人不能碰你的隐私部位一样，你也不可以触碰别人的隐私部位，即使是他/她要求你这么做的。”

5. 大部分人从来不会这么做

“你可能永远都不会遇到之前说的那些情况，因为大多数人从来不会做这些事。但是万一你遇到了，就需要你要记得刚才说过的话。”

6. 尊重孩子并让他学会说“不”

可以采用一起玩“挠痒痒”的游戏。在游戏中，如果孩子觉得痒得受不了时，家长就要鼓励孩子喊“停”。最好也能鼓励孩子之间遵守这样的规则。“停止”或“住手”需要被尊重，并且是马上执行。告诉孩子，当有人，包括父母、兄弟姐妹或是朋友不尊重他们时，生气是完全合理的反应。

7. 孩子要学会大声呼救

在对方强迫孩子做他不想做的事的时候，可以大声呼救以引起别人的注意。

8. 要记住父母、亲人的叮咛，出门在外要小心

不抄快捷方式走小巷、不落单、不凑热闹。如果被人跟踪应该尽量选择去热闹、明亮的地方，如麦当劳、商场等，寻求店员等工作人员的帮助，而不要直接回家。

9. 不理会陌生人的搭讪，不轻易相信陌生人的话

不接受陌生人给予的食物或饮料，中途离座如厕后，避免食用桌上的食物、饮料。

10. 孩子不要开门让陌生人进家①

二、教学设计

【例1】

了解性侵早预防

（一）教学目标

（1）引导学生认识什么是性侵害，了解防范和应对性侵害行为的主要措施和方法。提出中学生容易向性侵害靠近的行为，比如早恋，引导学生明确“花开应有时”。

---

① http：//blog. sina. com. cn/s/blog_ 603d862d01017oqh. html？ tj = 1.

（2）准备一些性侵害事件案例；准备防范和应对性侵害行为的主要措施和方法。

（3）能正确地对待生活中的性侵害事件，培养学生珍爱生命、关爱健康的生活态度，树立自我保护意识。

（二）教学内容

通过视频课件导入课题，介绍性侵害相关知识，传授预防措施，全体学生以《成长宣言》为内容宣誓。

（三）教学课时

1 课时

（四）教学过程

1. 导入课题

《15 岁少女遭性侵事件》视频导入

2. 探究学习

活动一：性侵害知多少？

（1）什么是性侵害？（性侵害是指违背他人意愿，对他人实施与性有关的行为，包括强奸、性骚扰、性虐待等。）

（2）易被性侵的群体（未成年人）。

（3）性侵害实施者分析。

（4）实施性侵害的一些伎俩。

（5）考考你（哪些是属于性侵犯行为？请选择“是”或“不是”。）

活动二：真实的故事，引以为戒列出近期性侵害案例，包括男生被性侵的案例。男生女生，都要学会用科学的方法保护自己，远离性侵害。

活动三：保护自己，远离性侵害。

（1）认识自己，为更好地保护自己。

（2）学生宿舍应注意的安全问题。

（3）不幸遭遇性侵害，该如何处理？

（4）如何防止遭遇性侵害？

（5）介绍《英国中学生十大宣言》。

（6）提出中学生容易向性侵害靠近的行为：

①早恋（引导学生明确“花开应有时”）；②网络聊天。

活动四：宣誓总结，情感提升

保护自己，健康成长，是对父母最好的回报。

由一个人领誓，全体起立宣誓《成长宣言》：

我要成长！快乐健康成长比成绩更重要。

我要自信！相信并发现自己独特的价值。

我要宽容！原谅别人的无心之过。

我要乐观！风雨之后总会有彩虹，要用积极的态度面对困难。

我要努力！付出的汗水越多，得到的幸福越多。

【简要评析】

此教学设计内容丰富，由四个活动组成，课题导入运用多媒体教学，使课堂更加生动，学生也更容易理解和接受。活动一是讨论式教学，在教师与学生的一问一答中带入本节课的主题，注重循序渐进，善加引导。活动二通过讲解真实案例，使学生更加深有体会。活动三提出一些遭遇性侵时的自我防护措施，快速有效地达到了预计的教学目的。活动四应该是整节课的情感升华。中学生正值青春期，在面对性侵话题时难免会敏感，教师应该正确引导，让学生树立正确的道德观。①

【例2】

正视性侵害有方法

（一）教学目标

（1）引导学生认识什么是性侵害；了解性侵害的主要形式；知道防范和应对性侵害行为的主要措施和方法。引导学生了解性侵害发生的时间和主要场所，培养学生的观察分析能力和应变处置能力。

（2）教师准备一些性侵害事件案例和相应的法律法规；准备防范和应对性侵害行为的主要措施和方法。学生准备收集相关青春期生理变化的资料；调查生活中的哪些环境容易发生侵害事件。

（3）使学生能正确地对待生活中的性侵害事件，培养学生珍惜生命、关爱健康的生活态度，树立“生命高于器官”的自我保护意识。

---

① http：//www.5068.com/banhui/202615.html.

（二）教学内容

性侵害的定义和性侵害的形式，有关性侵害的法律规定，日常生活中如何预防。

（三）教学课时

1 课时

（四）教学过程

1. 导入课题

（1）谈话（叙述校庆幸免性侵害而成功自救的故事）：请你结合生活经验谈谈故事中的小青有哪些不当的行为、冯叔叔有什么不良的企图、假如小青没有成功逃脱会是怎样的结局、故事给了我们哪些警示。

（2）学生交流。

（3）教师小结：小青在没有通知家人的情况下就独自在外逗留，给犯罪分子以可乘之机；在遭受了性骚扰之后保持沉默，在一定程度上又纵容了犯罪分子；但其最后识别犯罪分子的企图，使自己避免了伤害。这一事件给我们敲响了警钟，今天，我们就一起来探讨防止性侵害的问题。

（板书：正视性侵害有方法）

2. 探究学习

活动一：了解性侵害的定义和性侵害的形式。

（1）谈话：以你现在的经验来看，什么样的行为才能称为性侵害？哪些人容易受到性侵害呢？

（2）学生交流汇报。

（3）教师小结：性侵害是指非意愿性的并带有威胁性的各种攻击性行为，如强奸、猥亵等。性侵害的对象不仅仅是女孩儿，也包括男孩儿。

（4）谈话：课前老师布置大家收集性侵害的相关案例，下面请同学们在小组内交流收集到的案例，小组同学讨论分析性侵害都有哪些形式。

（5）学生小组交流研讨。

（6）学生汇报。

（7）教师小结：常见的性侵害主要有以下几种形式：①暴力型性侵害；②胁迫型性侵害；③社交型性侵害；④诱惑型性侵害；⑤滋扰型性侵害。

活动二：了解有关性侵害的法律规定。

(1) 谈话：我们国家对性侵害行为有严厉的惩罚规定（课件出示知识链接中的内容），请大家仔细阅读一下这段文字，说说你有什么收获。

(2) 学生交流。

(3) 谈话：你还收集到了哪些关于性侵害的法律常识？

(4) 学生交流。

(5) 教师小结：作为社会生活的弱者——女性往往是性侵害的主要受害者，特别是不满14周岁的女孩，国家以法律的形式给予了明确的保护。同性性侵害的危害巨大。

活动三：日常生活如何预防。

(1) 谈话：其实在日常生活中，女性往往是性侵害的主要受害者，我们了解了这么多的防范方法，你认为还有哪些具体的细节需要引起我们注意呢？

(2) 学生讨论交流。

(3) 教师小结：衣着打扮要得体，不能太暴露，不要随意显露自己身体的隐私部位，注意适当地遮挡；不和陌生人单独接触；外出时随时与家长保持联系，尽量要结伴而行；遇到危险情况及时向路人或民警求助。

3. 拓展延伸

课后继续收集相关资料，了解防范性侵害的好办法，我们将开展一次以“我会这样保护我自己”的主题班会，将你的好办法与大家共享，进一步提高我们每个人的防范意识和自我保护能力。

【简要评析】

本教案是一个十分完整的教学实例，课前老师布置大家收集性侵害的相关案例，在课堂上进行了有效的教育教学过程，课后继续收集相关资料，并有相应的主题班会做延展，形成了一个性侵预防的教育系列。此种教学模式非常值得借鉴，学生的校园安全教育不是一朝一夕、一堂课就可以解决的，无论是课上课后，教师都要从平时的教育教学过程中潜移默化地影响学生，慢慢让学生树立起自我保护的意识，让学生在真正遇到危险时懂得如何沉着冷静地处理。

三、教学素材

相关案例

1999年，河南西峡县某中学初一年级三班学生鲁某在楼梯过道口、去厕所的路上，用“你是我老婆”等下流的语言对一年级二班学生董某某进行骚扰、羞辱。董某某既不敢对爸妈讲，也未告诉班主任。就这样被鲁某骚扰长达一年之久，成绩直线下降。2000年9月12日下午，第三节课后，鲁某又对去厕所的董某某当众羞辱。因董某某反抗，鲁某用脚踢打，董某某就往教室跑，鲁某紧追不放，边追边打。董某某哭着进了教室才罢休。董某某拿着削笔小刀去质问鲁某，气愤之下将其刺伤。董某某也自此患了重度过虑性神经病。

姜某某原系某小学教师。2003年6月29日下午6时许，负责护校的姜某某巡查完教室后，制作了护校记录，让护校的学生回家。后姜某某又以护校关门窗为由将回家途中的护校学生李某骗回学校，让李某躺在教室的课桌上将其奸淫，事发时李某不满12周岁。案发后，姜某某被法院依法判处有期徒刑7年。2003年11月20日，李某及其监护人以姜某某和学校为被告向法院提起民事诉讼，要求两被告赔偿医疗费、精神损害抚慰金等共计15 673元。学校以姜某某的强奸行为不属于职务行为，不应由校方承担责任为由提出抗辩。①

板桥乡是远离仪陇县城的一个边远乡镇，板桥小学分为小学和初中两部分，小萍是板桥小学初中部的学生，父母长年在广东打工，小萍姐妹俩与爷爷奶奶一起生活。由于学校离家太远，小萍和妹妹平时都住在学校。2007年6月，在城里读书的表姐放假回家，无意中看到了小萍的笔记本，发现小萍在笔记本中记录了她曾遭受老师陶某某的奸污。小萍的表姐当即赶到学校询问小萍，小萍哭了，告诉表姐笔记上记录的都是真的。表姐告

---

① http://www.66law.cn/laws/68767.aspx.

诉了小萍的家人，鼓励小萍向学校及公安机关报案。小萍出事时刚过14周岁。当地公安机关接到报案后迅速展开侦查，2007年8月1日，经仪陇县检察院批准，对陶某某予以逮捕。当年10月23日，检察机关向仪陇县法院提起公诉，指控陶某某涉嫌犯有强奸罪。①

碧某镇是丽水主城区莲都区的一个偏远农村乡镇，碧某中学是该镇唯一的初中，共有1 000余名学生，大部分是住校生。2013年2月下旬开始，有关“丽水初中碧某中学数十名在校女生被强奸，实施强奸涉及商人、村干部和公务人员”的传言已经在坊间传开。随后也有媒体报道经多方信息印证，至少有10位13周岁到16周岁的碧某中学女初中生曾遭强奸。其中有些女生被强奸后感染性病，导致怀孕后流产，有的甚至可能终身不孕。事件发生后，当地公安部门立刻展开调查，经公安部门初步侦查核实后，涉及此案的“飘雪KTV”老板陈某和一名碧某中学初三女生于3月23日因涉嫌强奸罪被依法执行逮捕，4月4日，另一名共案的莲某区碧某镇某村原村委会主任何某以同罪刑拘，5月1日，检察机关正式批准逮捕何某。至此，本案共有3人因涉嫌强奸罪被执行逮捕。②

四、知识链接

世界各地惩处性侵中学生相关法律盘点

美国：不管幼女是否自愿，都是强奸罪。美国各州对强奸或猥亵未成年人的量刑不尽相同，但都将其视为重罪。许多州的法律明文规定，只要与14周岁（有的州是16周岁）以下的中学生或少年发生性关系，无论对方是否自愿，一律按强奸罪处理。有5个州允许对强奸幼童者判处死刑。随着科技的发展，美国警方已开始尝试采用GPS手环或脚环来追踪出狱强奸犯的行踪。

德国：与幼女发生性关系，或被化学阉割。在惩治强奸幼女犯上，德国是欧洲最严格的。与美国相同，与年龄在14周岁以下未成年人发生性行

① http://www.qingdaonews.com/content/2009-08/14/content_8118503.htm.

② http://jiangsu.sina.com.cn/news/s/2013-05-31/154857549.html.

为一概视为强奸。即便是与雏妓发生性行为，也属强奸，量刑一般在10年以上。另外，德国允许性犯罪者自愿选择是否通过外科手术进行化学阉割。

韩国：中学生性犯罪最高判50年。韩国是中学生性犯罪的高发国家，为此，韩国政府将中学生性犯罪的最高刑期由15年调至50年。另外，韩国也会公开犯罪分子的个人信息。2011年7月，韩国首部针对严重性犯罪进行化学阉割的法案获得通过。今年5月21日，韩国法务部首次对恋童癖惯犯朴某正式实施药物阉割。韩国也成为亚洲首个实施化学阉割的国家。

日本：与未满18周岁中学生性交，必须处罚。在日本，援助交际常常导致性犯罪。为此，日本早在1999年设立了《中学生买春及中学生色情处罚》法，规定如果通过金钱让未满18周岁的中学生提供性交或者性服务就被看成“中学生买春”行为。与未满18周岁的中学生进行性交或者猥亵行为时，无论有金钱往来与否都要受到处罚。

意大利：《意大利刑法典》第六百零九条第六款明确规定：“奸淫幼女犯罪人不得以不知晓被害人的年龄作为开脱罪责的理由。”第六百零九条第2款、第六百零九条第三款规定“性暴力罪”：若对象不满14周岁，其法定刑重于对象为14周岁以上的人的行为；若对象未满10周岁，其法定刑更重。该法第六百零九条第4款规定“与未成年人发生性行为罪”。

瑞士：《瑞士联邦刑法典》第一百六十七条第四款规定：“行为人误认为中学生已满16岁，如果行为人慎重行事是能够避免此等错误的，处监禁刑。”

波兰：2010年6月，波兰成为第一个在国家层面实施化学阉割法的国家，它立法规定，凡性侵15岁以下少男少女的性罪犯，在刑满出狱前必须接受化学阉割。

我国相关法律法规对性侵未成年人的规定

《中华人民共和国刑法》（以下简称《刑法》）第二百三十六条　【强奸罪】以暴力、胁迫或者其他手段强奸妇女的，处三年以上十年以下有期徒刑。奸淫不满14周岁的幼女的，以强奸论，从重处罚。强奸妇女、奸淫幼女，有下列情形之一的，处十年以上有期徒刑、无期徒刑或者死刑：

（一）强奸妇女、奸淫幼女情节恶劣的；

（二）强奸妇女、奸淫幼女多人的；

（三）在公共场所当众强奸妇女的；

（四）二人以上轮奸的；

（五）致使被害人重伤、死亡或者造成其他严重后果的。

《刑法》第二百三十七条　【强制猥亵、侮辱妇女罪】以暴力、胁迫或者其他方法强制猥亵妇女或者侮辱妇女的，处五年以下有期徒刑或者拘役。

聚众或者在公共场所当众犯前款罪的，处五年以上有期徒刑。

第三课 敲诈恐吓慎留意

一、教学内容

敲诈，是指用暴力、恐吓手段，或滥用法律或官方职权等，从一个不情愿的人手中索取财物。敲诈勒索罪，是指以非法占有为目的，对被害人使用威胁或要挟的方法，强行索要公私财物的行为。本罪侵犯的客体是复杂客体，不仅侵犯公私财物的所有权，还危及他人的人身权利或者其他权益，本罪侵犯的对象为公私财物。触犯本罪，数额较大的，处三年以下有期徒刑、拘役或者管制；数额巨大或者有其他严重情节的，处三年以上十年以下有期徒刑。①

恐吓，是以加害他人权益或公共利益等事项威胁他人，使他人心中感到畏惧恐慌，在许多国家是一项刑事犯罪，无论有无向对方恐吓，无论是否行使暴力行动，即使只是语言上威胁受害者（对方），有死亡威胁或伤害当事人或其家族、公司、财产权等，包括死亡威胁、诈弹威胁、以自杀相威胁等。若意图以此方式来获取他人财物或利益而实行者，称为“恐吓取财”。我国《刑法》虽然并无以“恐吓罪”命名的刑法条文。但实际上已经有其他条款做了恐吓行为的刑事处罚，那就是《刑法》第二百九十三条寻衅滋事罪。这属于纯恐吓的情况，如果还附带了其他情况则是：第二百二十六条以暴力、威胁手段强买强卖商品、强迫他人提供服务或者强迫他人接受服务，情节严重的，处三年以下有期徒刑或者拘役，并处或者单

① http://baike.baidu.com/link?url=fANnjiAP8tfOfg-w_BE8wVmNtsb8cR71eVyN2hOehUt1lqxZlKem8YtbJpBk0jniHYS3WATRyiFjdTdC5kV8ih7uhKHLvTz7wdmxwjTP8oa.

处罚金。①

未成年人容易受到敲诈、恐吓和暴力侵害的一个重要原因就是缺乏辨别是非的能力和自我保护意识。近年来，对于校园敲诈，中学生被抢劫敲诈的事件比较多，有许多学生诉说自己曾遭受过抢劫、敲诈，甚至搜身和殴打……这些遭受过抢劫、敲诈的学生，遭劫后多采取“自认倒霉”的态度，有的学生因怕家长担心或责备，更是怕受到报复而不敢告诉家长、老师，受到很大的伤害。恐吓、敲诈、抢劫是一种不良行为，我们要远离这种不良行为，更应该学会正当防卫来保护自己，以免自己受到伤害。

（一）通过以下几点来防敲诈

（1）在学校上厕所最好有同学或朋友陪伴。

（2）放学后，与同学结伴而行，尽早回家。

（3）书包里放些零钱以备遭遇歹徒时，用之保护自身安全。

（4）不要在人烟稀少的地方逗留，绝对不要独自走夜路。

（5）万一遇到有陌生人问路，无论如何，你都绝对不要带他去。一旦被歹徒纠缠，要冷静与其周旋，并设法向路人或报警求救。

（6）若有陌生人打电话来说一些莫名其妙的话时，不用加以理会就将电话挂掉。

（7）在游玩或外出购物要结伴同行，不接受陌生人的小恩小惠，不受欺骗、不上当。当发现坏人在后面跟踪，可以机警地向走在前面的或附近的成年人身边走。切忌往偏僻、行人稀少的地方走。

（8）及时向老师报告，由警方依法惩治不良之徒。

（二）在路上遇到被勒索钱物、抢劫，怎么办

作为中学生，上学放学最好结伴而行。一旦在马路上遇到索要钱物的情况，也不要慌张，如离学校不远，可以跑回学校报告。如离家不远，可以向居委会、家委会报告，或向路上的行人求助。如一时无法向他人求助，应设法及早脱离。事后，不管人身是否受到伤害，也不管被抢的钱物

---

① http：//baike. baidu. com/link? url = OmUpXr4inDLm8Pac1FYe6zufnhkW9f_ g8w0 - kiax - Ufl8bii1WURLyCZslovGUQu24VBbn - 7lzgE5PQW2emjMK.

数量多少，都应当及时向家长、学校和当地公安派出所报案，以利于公安机关及时抓获不法分子，打击犯罪。

二、教学设计

【例1】

敲诈恐吓不要怕

（一）教学目标

（1）让学生知道突遇敲诈恐吓应该如何处理应对。

（2）通过案例让学生掌握应对一些紧急情况的方法。

（3）让学生增强自身的防范意识。

（二）教学内容

通过案例使学生了解如何应对一些敲诈恐吓的紧急情况。

（三）教学课时

1课时

（四）教学过程

1. 导入新课

案例：小林路遇敲诈恐吓。

2. 讲授新课

（1）中学生面对意外事件的应变能力不强、经验不足，常成为不法者敲诈、恐吓的对象。

（2）偏僻、阴暗的地方容易发生敲诈、恐吓事件。在一些闹市、人群众多的地方也容易发生敲诈、恐吓事件，因为他们得逞后很容易消失在人群中。

（3）应该提高警惕，注意防范一些言行异常、打扮异常的人的举动，尽量避开他们，不与他们接触，以防发生危险。

3. 救助常识

（1）应尽量避免去偏僻、昏暗的场所。

（2）在不法分子面前，应该相信邪不压正。

（3）一般犯罪者心理较脆弱，会害怕。

(4) 如果犯罪者人多势众或者情势危险，不得不就范时，应该注意观察其相貌特征或者得逞后的去向，自己脱离险境后立刻报警，提供线索协助调查。

4. 课堂小结

让学生知道怎样尽量避免危险，如果遇到意外时应该如何应对。

5. 板书设计

突遇敲诈恐吓怎么办

1. 应尽量避免偏僻、昏暗的场所。

2. 在犯罪者面前，应该相信邪不压正。

3. 一般犯罪者心理较脆弱，会害怕。

4. 如果犯罪者人多势众或者情势危险，不得不就范时，应该注意观察其相貌特征或者得逞后的去向，自己脱离险境后立刻报警，提供线索协助调查。

【简要评析】

上面的教学设计通过学生即兴表演，使得学生了解公共场所可能遇见的敲诈事件。在表演和观看的过程中，充分以学生为主体，并通过轻松的问答方式，能够更好地激发出学生对教学内容的求知、兴趣、好奇，使学生知道突遇敲诈恐吓应该如何应对。让学生掌握应对一些紧急情况的方法，让学生增强自身的防范意识，最大限度地预防恐吓敲诈恶性事件的发生和减少恐吓敲诈事件对初中生造成的伤害。此外，还进一步拓展了学生们的眼界，是一个典型的教学设计。

【例2】

沉着应对突发事件

（一）教学目标

(1) 了解敲诈勒索和绑架等犯罪活动的危害性，引导学生学会一些预防和应对敲诈、抢劫、绑架、恐吓等突发事件的方法、技能，能冷静应对突发事件。

(2) 引导学生增强自我保护意识，提高自救自护和求救能力，有效避免和减轻特定伤害。

（3）培养学生遇到突发事件时机智灵活、沉着果断的意志品质。

（二）教学内容

引导学生学会一些预防和应对敲诈、抢劫、绑架、恐吓等突发事件的方法、技能，增强自我保护意识。

（三）教学课时

1 课时

（四）教学过程

1. 导入课题

近年来，随着人们物质生活水平的提高，中学生带在身上的财物也在不断增加。但由于缺乏基本的生活常识和经验，自我保护意识及避免伤害的能力较弱，中学生在校园周围被敲诈、勒索的现象时有发生。这些不良事件给受害者造成了经济和身体上的伤害，还可能造成严重的心理创伤，同时也给其他在校学生带来了极大的心理压力和恐惧感。应该让学生正视这种现象的存在，并给予学生正确应对方法的辅导，使学生在老师的引导下集思广益，掌握自护自救知识，锻炼自护自救能力，从而能够机智勇敢地处置敲诈、绑架等各种情况，果断正确进行自救自护。

观看视频导入课题：视频“深圳破获三起中学生绑架案”①。

由于青少年正处在生长发育阶段，相对处于劣势，往往容易成为犯罪分子攻击的目标。每个人平日都应增强自我保护意识，学习和掌握一些应对这类突发事件的方法和技能，从而避免或减少对自己人身安全的伤害。

2. 交流讨论

（1）交流收集到的类似案例，特别是发生在身边的一些类似突发事件。

（2）分组讨论：在日常生活中，应该如何预防和应对敲诈、抢劫、绑架、恐吓等违法犯罪行为？

（3）预防和应对敲诈、抢劫、绑架、恐吓等突发事件的办法还有哪些？（在小组里与同学们讨论交流。）

---

① http://v.youku.com/v_show/id_XMTM3NjAwMDMy.html.

3. 情景模拟，体验感悟

防碰瓷儿安全教育

（1）简要了解和认识“碰瓷儿”及其应对办法。

（2）分别预设情境，让学生体验、感悟，并分别讨论、总结应对方法。

在此过程中，可以让学生们互相交流、分组讨论并尝试总结，教师进行必要的引导。

（3）小组讨论：如果收到匿名信、接到匿名电话怎么办？讲解匿名信、匿名电话的概念以及小组讨论应对方法。

4. 升华认识，拓展延伸

（1）师生共同概括不法分子惯用的手法，避免上当受骗。

（2）分组讨论、交流：预防和应对敲诈、抢劫、绑架、恐吓等突发事件的方法还有哪些？

（3）结合日常生活中的一些违法犯罪行为，谈谈个人的经历以及如果遇到该情境自己怎样才能保护自己的人身安全不会受到伤害。

5. 作业

把自己学到的预防和应对敲诈、抢劫、绑架、恐吓等犯罪行为的方法讲给父母或朋友听。

【简要评析】

互联网搜索在当今教学中起到的作用越来越大，在本教学设计中利用搜索到的视频资料和百度文库资料引导学生深入思考抢劫、绑架、敲诈勒索现象的成因和危害，引导学生学会一些预防和应对敲诈、抢劫、绑架、恐吓等突发事件的方法、技能，能冷静应对突发事件，有助于增强学生自我保护的意识，培养学生自我保护的能力，提高自救自护和求救能力，培养学生遇到突发事件时机智灵活、沉着果断的意志品质，有效避免和减轻特定伤害，同时学生还加深了对互联网的认识，在将来的学习和生活中会起重要的作用。

三、教学素材

相关案例

北京某校有个13岁的初中生李某，在第一次遭到三名高年级男生的拦路勒索时，他交出了身上的所有财物，并向殴打他的人求饶，又答应以后每天给他们交10元钱。此后，他多次遭劫都不敢告诉父母和老师。直到最后一天，他还打开家中的防盗门，让勒索者入室看录像，拿好吃的东西给他们“抵钱”。最后又乖乖地和凶手一起坐出租车去了郊外，最后被杀害。

吉林省四平市徐某自去年入学以来，长期被他人勒索钱财，于是在学期末，徐某便拜了比自己高两届的秦某、吴某为老大。而秦某自从有了这个小弟后，便长期向徐某索要钱物。但徐某自己没有钱，于是他便将手伸向了同班的同学冯某，在经过对冯某几番拳打脚踢后，徐某在那儿敲到了一些钱物，而这些东西全被秦某和吴某获得。正当徐某等再次向冯某敲诈时，被闻讯赶来的公安干警抓获。

某校高二年级学生万某，在原学校学习期间，厌恶学习，学习成绩很差，经常旷课，在校外结交了一伙朋友，他就和这些朋友拜把子，依仗这伙朋友，长期向学校的学生收保护费，累计1500多元，后来被强行收保护费的学生由于不堪重负，向家长说明了情况，家长到派出所报案，最后万某被送入工读学校学习。

在兰州二中某班有两名学生姚某和柳某，家庭条件不错。他们的虚荣心非常强烈，经常在同学面前炫耀自己穿的衣服是名牌，想通过这种方式来赢得在同学中的威信。可是，追求名牌是无止境的。他们一再地向家长要名牌，家长也不能次次满足他们的需求。于是这两名同学趁周末放假的时候，来到商业中心过街天桥上，寻找猎物，伺机抢劫。事发后，被抢劫人报了案。结果，还没到两小时，民警就在车站附近将柳某抓获。第二天，又将姚某抓获。最后他们二人分别在少年法庭上被判有期徒刑三年半和四年。

四、知识链接

1. 敲诈勒索的行为只有数额较大时，才构成犯罪

数额巨大或者有其他严重情节，是本罪的加重情节。所谓情节严重，主要是指：敲诈勒索罪的惯犯；敲诈勒索罪的连续犯；对他人的犯罪事实知情不举并乘机进行敲诈勒索的；乘人之危进行敲诈勒索的；冒充国家工作人员敲诈勒索的；敲诈勒索公私财物数额巨大的；敲诈勒索手段特别恶劣，造成被害人精神失常、自杀或其他严重后果的；等等。

2.《刑法》中关于敲诈勒索行为的规定

第二百七十四条　敲诈勒索公私财物，数额较大或者多次敲诈勒索的，处三年以下有期徒刑、拘役或者管制，并处或者单处罚金；数额巨大或者有其他严重情节的，处三年以上十年以下有期徒刑，并处罚金。单纯的恐吓行为在《刑法修正案（八)》之前是不构成犯罪的，而在刑法修正案（八）之后在寻衅滋事里面增加了恐吓为罪的内容：

第二百九十三条　【寻衅滋事罪】　有下列寻衅滋事行为之一，破坏社会秩序的，处五年以下有期徒刑、拘役或者管制：

（一）随意殴打他人，情节恶劣的；

（二）追逐、拦截、辱骂、恐吓他人，情节恶劣的；

（三）强拿硬要或者任意损毁、占用公私财物，情节严重的；

（四）在公共场所起哄闹事，造成公共场所秩序严重混乱的。

纠集他人多次实施前款行为，严重破坏社会秩序的，处五年以上十年以下有期徒刑，可以并处罚金。

3. 如果不是单纯的恐吓行为还有其他情况

（1）恐吓时索要财物，有可能构成敲诈勒索罪。我国《刑法》第二百七十四条规定：敲诈勒索公私财物，数额较大或者多次敲诈勒索的，处三年以下有期徒刑、拘役或者管制，并处或者单处罚金；数额巨大或者有其他严重情节的，处三年以上十年以下有期徒刑，并处罚金。

（2）《刑法修正案（三)》第八条规定：“投放虚假的爆炸性、毒害

性、放射性、传染病病原体等物质，或者编造爆炸威胁、生化威胁、放射威胁等恐怖信息，或者明知是编造的恐怖信息而故意传播，严重扰乱社会秩序的，处五年以下有期徒刑、拘役或者管制；造成严重后果的，处五年以上有期徒刑。”这就是说，这样的恐吓是构成犯罪的。如果罪名成立，情节严重的要触犯刑法判刑，但没有恐吓的特定条文，可根据他威胁恐吓的事来查找相关条文。

4. 情节轻的没有达到刑事处罚的情况

《中华人民共和国治安管理处罚法》第四十二条规定，有下列行为之一的，处五日以下拘留或者五百元以下罚款；情节较重的，处五日以上十日以下拘留，可以并处五百元以下罚款：

（一）写恐吓信或者以其他方法威胁他人人身安全的；

（二）公然侮辱他人或者捏造事实诽谤他人的；

（三）捏造事实诬告陷害他人，企图使他人受到刑事追究或者受到治安管理处罚的；

（四）对证人及其近亲属进行威胁、侮辱、殴打或者打击报复的；

（五）多次发送淫秽、侮辱、恐吓或者其他信息，干扰他人正常生活的；

（六）偷窥、偷拍、窃听、散布他人隐私的。

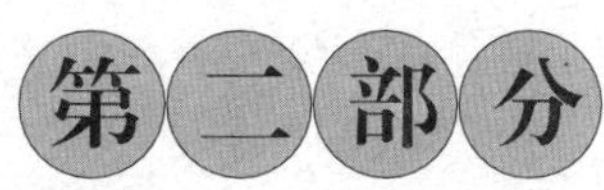

第二部分 预防和应对公共卫生类事故

内容提要

公共卫生类的事故是发生在学校最为常见的安全事故之一。本部分主要结合初中学生的发育特点，从青春期的预防、远离艾滋病及毒品的方面展开，使学生了解青春期身心方面的变化，认识到艾滋病和毒品的危害，并及时预防此类校园公共卫生事故的发生，保证学生健康发展。

第一课　青春期来要关注

一、教学内容

（一）青春期

青春期是指个体的性功能从还没有成熟到即将成熟的阶段，在生物学上，是指人体由不成熟发育到成熟的转化时期，也就是一个孩子由儿童到成年的过渡时期。在这个时期，个体性发育成熟，已经可以生育。由此可以看出，青春期主要是以生理的性成熟为标准而划分出来的一个阶段，它与从心理或社会方面划分出的人生阶段有重叠。在人体生长发育阶段，青春期占 1/2 或更多一些时间。青春期目前在各国并没有一致的年龄范围，一般指十三四岁到十七八岁这个阶段。在心理学上，它又称为青年初期，相当于教育学上的中学阶段，以身体的急速成长为特征。而青年期除了包括青春期外，还将延续至 25～30 岁。由于男性的性成熟比女性晚一年左右，所以可以把男性的青春期年龄范围确定为 14～18 岁。偏早或偏晚 1～2 年，都属正常现象。人们通常把这个年龄阶段的男性称为少年，而同样年龄阶段的女性称为少女。在青春期不仅身体上有了明显的变化，而且心理上也常会发生很大的变化。性成熟是指性器官和性功能的发育成熟过程。性意识是在指由性成熟引起的心理上的变化，使青少年逐渐意识到两性差别和两性关系，并产生一些特殊的心理体验。

（二）青春期出现的生理现象

1. 痤疮（青春痘）

长痤疮是青春期特有的、再正常不过的生理现象。它是青春的一种标志，由于体内激素突增，新陈代谢旺盛所致。随着生理机制功能的逐步成熟，体内激素分泌趋于平稳，皮肤自然会变得光洁可人，对此暂时的现象没有任何产生心理负担的必要。

2. 遗精

第一次遗精说明男孩子进入了青春期。一般来说，在青春发育期的男性青年几乎都会发生遗精，自古以来医学界就有“精满自溢”之说。现代医学的研究表明，遗精在某种程度上能缓解紧张情绪，保持心理平衡。遗精是正常的生理现象，不必为此紧张和恐慌，也不必害怕被别人知道，应该放松自己，保持平和的心态。

3. 月经

第一次来月经叫作“初潮”这是女孩跨入青春期的标志，是值得祝贺的美好事情。月经是正常的生理现象，不是“倒霉”。有不少同学为此感到不安，是缺乏生理知识的缘故。

4. 手淫

手淫是指用手或物具刺激自己性器官的行为。对待手淫，应当“不以好奇去开始，不以发生而懊恼，已成为习惯要有克服的决心，克服之后就不必再担心”。[①]

（三）青春期的应对方式

青春期阶段的孩子，一方面是处在生理心理发育期；另一方面是家长、教师和同学的批评、指责、劝告，给这些学生带来的感觉是不被理解、不被尊重，甚至自尊心严重受到伤害，因此，他们也不愿意理解和尊重别人，甚至会做出过激行为。当然，过激行为的发生，不仅仅是外界的刺激这一方面因素所能引起的，还有学生本身的心理健康程度，需要家长和学校的关注。每个孩子都是一个独立的个体，他们都有与别人不同的性格特征和不同的思维模式，也就有了不同的行为方式。家长应该选择合理的沟通方式，和孩子一起解决青春期的困惑。

青春期是一个过渡期，既属于儿童，也属于成人，身体发育和思维能力几乎和成年人一样，但在经济和情感上还需依赖父母，同时又渴望独

① 青春期（人体生长发育第二高峰期）http：//baike. baidu. com/link？url = Dgmg-pcXW9wAkN - quGdz58e_ O5J7AO4h30v3XCCWA_ tEk_ 5i6rCUYux5yc7mQcgiT0UX0_ q - V2IdBesJk - UxF - .

立。青少年是“边缘人”，意味着青少年想要回避成年人的责任时，言谈举止往往就像一个儿童。有时候他们提出成年人的权利要求时，又像成年人。青春期家长的任务是帮助孩子“找到自己”，帮助他们找到“我是谁”的答案。青少年的叛逆行为，也是他们寻找自我的一种方式。当然，这并不代表鼓励青少年用暴力和激烈的言辞与父母相处，而是去理解他们行为背后渴望被尊重的心理。帮助青少年是一件很困难的事情，给出建议而不代替他们决定，帮助他们得到自己所需要的，而不是给予家长认为重要的东西。

青少年开始关注同伴的交往和他人对自己的评价，这代表他们情感的自主性正在发展。青春期成熟过程中一个重要的部分就是孩子和父母情感纽带松弛。可以说青春期最痛苦的心理上的完成，就是脱离父母的权威，通过撤回对父母的感情，并把感情转向同伴来实现这个过程。而在成年期，人会转向自己的伴侣而彻底完成与父母的分离，成为情感独立的人。青春期的孩子有了自己的世界，不那么依赖父母了。如果有的父母鼓励过度依赖，补偿自己孩子时代的遗憾，或者婚姻不愉快的父母试图从孩子身上获得情感的满足，情感上过于依赖孩子，这些都会影响到孩子的情感独立，甚至影响到成年期寻找伴侣和正常的婚姻生活。所以，我们应该充分认识到，青春期叛逆是孩子成长的需要。作为家长，注意与孩子的沟通方式，尊重孩子能有效地传递家长的意见，帮助孩子把握成长的方向。

二、教学设计

【例1】

青春期健康教育

（一）教学目标

（1）明确什么是青春期，了解青春期的特点，思考如何顺利地度过青春期。

（2）通过学生之间的交流，了解青春期的相关概念，集体讨论如何顺利度过青春期。

（3）树立自我保护意识，以便能够顺利度过青春期。

（二）教学内容

思考自己现在和小时候的身体特征发生了怎样的变化，从而了解什么是青春期。了解青春期的特点，深入思考如何顺利度过青春期。

（三）教学课时

1 课时

（四）教学过程

1. 学生交流

青春期是指以生殖器官发育成熟、第二性征发育为标志的初次有繁殖能力的时期，在人类及高等灵长类以雌性第一次月经出现为标志。青春期是指由儿童逐渐发育成为成年人的过渡时期。

一般来说，女孩子的青春期比男孩子早，一般从 10～12 岁开始，而男孩子则一般从 12～14 岁才开始。不过，由于个体差异很大，所以，通常把 10～20 岁这段时间统称为青春期。

青春期是人体迅速生长发育的关键时期，也是继婴儿期后，人生第二个生长发育的高峰。这一期间，无论男孩或是女孩，在身体内外都发生许多巨大而奇妙的变化。因此，掌握和了解这一时期身体内的变化，对孩子顺利度过青春期来说，无疑是一件十分重要的大事。

2. 集体研讨，如何顺利度过青春期

青春期是少年身心变化最为迅速而明显的时期。在这个时期，男性从儿童的身体、外貌、行为模式、自我意识、交往与情绪特点、人生观等，都脱离了儿童的特征而逐渐成熟起来，更为接近成人。这些迅速发生的变化，会使少年产生困扰、自卑、不安、焦虑等心理问题，甚至产生不良行为。因此，青春期是一个既可以预测又不可预测的时期。也就是说，在这个时期中，人从儿童向成人发展是可预测的，但是在发展过程中会出现什么情况或问题则不可预测。帮助学生正确认识自身变化，顺利度过青春期非常重要。①

① 青春期健康教育教案［EB/OL］. 百分网. http：//www.oh100.com/a/201206/99774.html.

【简要评析】

青春期有许多话题是学生避讳的，教学时一定要注意激发学生兴趣，引导学生以科学的态度学习探究。这个教学设计就做得特别合理，首先，让同学们互相交流讨论，产生兴趣；其次，教师再介绍一些关于青春期的概念，让同学对青春期有更为深入的理解；最后，共同讨论，了解青春期的基本特征，如何度过青春期。教学内容具体，教学设计合理。关于特殊的话题，教学设计一定要合理，一定要考虑到学生们的感受，要用他们能接受的方式方法，既让他们学到知识，又要考虑到他们的心理情况。

【例 2】

青春与美

（一）教学目标

（1）引导学生消除不必要的“体相烦恼”，认识自身的独特性。引导学生悦纳自己的外形，树立自信心。引导学生了解自身的特点，使用正确的学习方法。

（2）通过一个热身游戏导入主题，让学生们形容自己的衣柜，谈论自己的烦恼，让学生最终懂得什么是真正的美。

（3）树立正确的观念，了解青春真正的美，树立自信心。

（二）教学内容

一起来探讨有关我们外表的话题。让学生了解什么是真正的美，青春的美不是表面的美，不是身材好，表面漂亮，而是内在的美，乐于帮助他人，对同学友好。

（三）教学课时

1 课时

（四）教学过程

1. 热身游戏——雨点变奏曲

（1）我们一起来想象一幅《雨点变奏曲》吧：小雨——手指互相敲击，中雨——两手轮拍大腿，大雨——用力鼓掌，暴雨——跺脚；放晴了——手指围成一个圈举过头顶。

（2）大家准备好了吗？我要开始发布天气预报了：“现在开始下小雨，

小雨变成了中雨，中雨越来越大，变成了大雨，电闪雷鸣，大雨变成了暴风雨，暴风雨变成大雨，大雨变成中雨，太阳出来了，下了一小会儿，太阳，小雨，太阳走开了，又变成了中雨，又逐渐变成了小雨……终于雨过天晴了。”

(3) 导入。同学们，刚才的雨点就是我们青春的雨点，因为青春有着小雨的柔美、中雨的活力、大雨的激情、暴风骤雨般的强烈，所以青春很美，而处于青春期的你们也开始爱美了。

厕所的镜子前常看到有些同学借着洗手的机会偷偷看一看镜子里的自己，一有人来赶快装作若无其事地闪人；有些同学拿出手机看看时间，怎么会看那么久呢？原来正端详屏幕上那个模糊的自己。有时候老师想摸摸男同学的头，以示表扬和鼓励，但男孩子避之不及，因为自己的发型会被弄乱的……

今天我们这堂课就一起来要探讨有关我们外表的话题。

2. 形容词衣柜

(1) 形容词衣柜。我们每个人都拥有自己的形容词衣柜，现在我们要把衣柜打开，找找与我们外表有关的“衣服”。

在两分钟时间内，写 5 句形容自己外表的句子。格式是：我的……很……例如，我的个子很高，我的眼睛很小。

哪位同学愿意与大家分享你的衣柜呢？你可不可以读出来给我们大家听听？

接下来，请把这 5 句话重新排序，在每句话前用 1 ~5 个数字编号。

大家都排序好了吧，哪位同学愿意展示一下你的衣柜？

你以这个顺序排序的理由是什么呢？

(2) 同龄人的烦恼。其实，和我们有一样烦恼的同学还很多，一起来看看（播放强生的三段视频：青春痘、个子矮、身材胖）。

3. “相”由“心”生

如果你不满意自己的外貌，怎样使自己美丽起来呢？我们一起分享一个女孩玛丽的成长故事。

玛丽的故事：女孩玛丽的额头上有一个指甲大的黑痣，她一直觉得自己长得很丑，走路时，她总是低着头，生怕别人看到她额头上难看的黑痣。有一天，在一家饰物店，一只美丽的花型发卡映入玛丽的眼帘，让她爱不释手。戴上了这只发卡，它正好挡住了她额头上的黑痣，店主不断赞美她戴上发卡很漂亮。玛丽虽然将信将疑，但还是为能拥有这只美丽的发卡感到高兴，不由自主地昂起了头。她急于让大家看到这个发卡，她兴奋得连出门时与别人撞了一下都没在意。那一天，她始终昂着头，并得到了许多人的赞美，还有人远远地赞美她额头上有一颗幸运星。玛丽听后开心极了，想一定是蝴蝶结发卡的功劳，这个发卡真是自己的幸运星。可回到家，在镜前一照，头上压根就没有发卡："一定是出饰物店时与人一碰，弄丢了!"玛丽这才知道，以后她再也不需要发卡了，她已经找到让自己变得漂亮的秘诀了!

你知道玛丽变漂亮的秘诀吗?

4. 魔镜，魔镜，告诉我……

当你对自己的容貌和体形还不满意的时候，当你还不能自信地展现自己的时候，就让魔镜来告诉你吧。

我们以小组为单位做一个"魔镜，魔镜告诉我"的活动。

活动规则:

小组内的每位同学依次手持镜子，问："魔镜，魔镜，告诉我，我哪儿最美啊?"组内同学轮流扮作魔镜的声音回答他/她的内在美和外在美，外在美包括容貌、外形上的；内在美包括性格、行为习惯、能力、爱好、特长、人品、人际关系等方面。组内两人作为记录员，一人记录内在美，一人记录外在美。

活动结束后请两位记录员、魔镜和体验者谈谈活动后的感受。①

【简要评析】

该教学设计十分有创意，教学目的明确，方法得当、语言清晰，具有感染力，易激发学生的兴趣，引导自主探究、合作交流完成任务，整个课堂效率非常高。该教学设计重点突出，目标全面、准确、具体，体现知识与能力、方法与过程、情感态度与价值观三个维度，布局合理，设计各种

---

① 青春期教育教案 [EB/OL]. http://www.zhaojiaoan.com/article/01224/26225_2.html. 2012-10-23.

教学活动。精心安排学生自主学习、质疑、操作实践等活动以启发式、讨论式为主。由一个故事贯穿整个教学设计，能激发学生的学习兴趣。这个教学设计很新颖，不再是传统的“老师教，学生学”，这样更有利于学生接受教学内容。

三、教学素材

相关案例

假期里，父母与子女冲突频发

假期里，不少家长反映，自己上初中的孩子经常上网上到三更半夜，不听父母的话，很难和处于青春期的孩子沟通，亲子冲突格外明显。其实青春期的孩子，在很大程度上存在着叛逆现象，家长发现这种问题，不必觉得如狼似虎般可怕，而要试着去了解这个时期孩子的特点、心态，与孩子共同面对青春期。“虽然放暑假整天在家，儿子跟我之间每天的交流时间竟不到半个小时!”“女儿每天除了上辅导班就是自己上网和同学聊天、打电话，根本不理睬父母，说多了还嫌烦!”眼下暑期过了大半，记者从一些家长口中得知，暑期里由于孩子与父母在一起相处的时间多了，各种亲子冲突格外明显，孩子在青春期的叛逆行为越发明显，父母子女间的情感危机似乎因为暑假的到来大大激化。

近日，记者就青春期孩子的叛逆心理现象和一些常见问题个案的处理方式，采访了海南中学的心理咨询老师唐彩霞。唐老师毕业于华中师范大学心理学专业，有着丰富的青少年心理辅导经验。她指出，叛逆心理是青少年成长过程中的一种心理状态，在14～18岁的青少年中表现得尤其明显，这个时期的青少年对家长和其他教育工作者心存对抗，他们内心也明白按照大人的意愿行为做事的合理性，但他们却有意违抗父母的意志，只在乎和父母对抗时的快感，看见父母生气、伤心自己反倒高兴，家长遇到这种情况往往心中忧虑，甚至束手无策。

个人爱好　重引导忌粗暴干涉

小邢读初中时，非常喜欢信息技术这门课，父母则简单禁止他“玩电脑”，一味要求他放学回家必须做多少作业、多少遍练习，引起了小邢的不满，既然家长在家不让他做自己想做的事情，他就有意不用功，让成绩一落千丈，明知这样做不对，小邢依然我行我素，他甚至喜欢看到父母不舒服、着急的样子。升初三后，面临中招考试，在老师真诚得体的开导下，小邢才逐渐放弃了叛逆，恢复常态考上了市重点初中，并在高一第二学期和同学合作搞电脑软件获得了海南省青少年科技创新奖。

唐老师点评：叛逆心理在青少年身上是全方位表现出来的。如表现在学习方面，若是父母把个人意愿强加给孩子时，他们不仅不会按照父母的吩咐去做，还会采取报复手段，故意不学习。个案中小邢家长这样处理显然不妥，孩子对现代科技的爱好和探索，家长应予以正确的引导和鼓励，不能以一成不变、简单粗暴干涉的方式约束孩子，应该突破传统教育的固定模式，家庭教育也需要与时俱进。父母应该在平时多留意社会的发展和孩子的想法，注意与孩子沟通，在了解孩子的想法后也多向老师求教，双方配合合理引导，使孩子个人爱好与他长远的人生目标衔接上，从而共同促进孩子的健康成长。

新奇打扮　刺激父母

某初中学生小陈，染了一头黄头发，黄头发中间又夹染几撮红头发，还喜欢穿新奇的服装，他晓得这些为父母及老师所无法接受，但每当看到父母或长辈瞧见自己这般模样时的表情和表现出来的嗤之以鼻，他就扬扬得意，犹如自己打了胜仗一样。

唐老师点评：叛逆心理还突出地表现在青少年的穿着打扮上。青少年随着自我意识和好奇心的增强，不遗余力地追求个性，让自己变得很另类。青少年喜欢“跟风”，追求时尚，表现个性，但缺乏对事物全面综合评价的辨识能力，他们不一定了解时尚的东西对他们而言不一定是好的东西，有些青少年群体所追随的东西，往往是标新立异，突出自我，却反潮流，对自我形象不利。这就需要家长在家庭教育中从小树立孩子正确的价值观，培养孩子健康的审美意识，给孩子设立人生的界限，让孩子自己思考什么才是真正的美，什么才是自己应该追求的人生方向。

心灵创伤　以爱弥合

某初中学生小郑，父母关系破裂了，小郑跟了父亲。他原本品行兼优，由于父亲与插足的第三者结婚，让孩子心灵蒙受创伤。没有妈妈的日子，小郑无法接受，于是故意和父亲作对，父亲不让他做的他偏要做，吸烟、喝酒、赌博样样都会，还交上了社会上的不良朋友，且处处“整治”父亲和继母，为的是不想让他们过上好日子。

唐老师点评：对于处在破裂家庭的青少年，更要注意引导他们培养良好的心态。这些孩子的监护人必须注意孩子心态的变化，由于这些孩子一般精神比较紧张，而感情承受能力比较脆弱，他们比其他青少年更容易出现叛逆心理。因此，这些孩子的监护人更要时刻关心孩子的成长，给予孩子更多的爱，用爱来融化与孩子的隔阂和创伤，而作为继母，可能需要付出更多。此外，离异的双方在分别与孩子相处时不要对孩子发泄怨恨的情绪，尽量维护对方在孩子心中的形象，并且让孩子明白父母的分开是大人的事，大家虽然在不同的地方，但都是爱孩子的，避免在孩子心中埋下苦毒的种子，帮助孩子塑造健康的人格。

帮助孩子“心理断乳”

一位家长苦恼地诉说，自己的孩子过了这个暑假就念初三了。不知怎么回事，假期里，她每天不是写作业就是自己闷头上网玩游戏、聊天，对家长不理不睬。最过分的是，前两天他和爱人想跟女儿好好沟通一下，谁知没说几句话，女儿就顶撞说：“我就是不知好歹，不可理喻。”还在自己的房间门上用电脑打了几个字“请勿打扰”贴在上面，气得家长无话可说。

唐老师点评：中学时期的孩子正处于“心理断乳期”，有了独立的倾向。这阶段的孩子情感起伏大、变化大并难于驾驭。他们有了喜怒哀乐，不但不愿向父母吐露，还要埋怨父母不理解自己，如果父母处置不当，如对孩子的表现刨根问底，或是漠不关心就会增强他们的反抗情绪。作为父母应放下架子，与孩子平等相处，当孩子的知心朋友，争取成为他们倾吐心事的对象和安慰者，帮助孩子平稳度过“心理断乳期”。

青少年之所以产生叛逆心理，第一，因为青少年的心理随着这个年龄段自身的变化而变化，第二性征的出现给他们的心态造成了冲击，他们面对自身的变化常常感到不知所措，从而产生了浮躁心态和对抗情绪。第二，青少年心理状态呈现青春期心理的特殊性，他们觉得这个时候的他们已经像个成年人，因此在面对问题时他们常常呈现一种幼稚的独立性，并未成熟的他们会处在反抗期内。由于自我意识和好奇心的增强，加之社会、媒体的冲击，促使青少年对许多东西产生兴趣，他们便要通过表现个性、追逐潮流来满足自我意识和好奇心。第三，社会和家庭的传统教育的一些弊端，阻碍了他们自身发展的需求、成了叛逆心理产生的源头。此外，青少年如今面临的各种压力，如集体压力、学习压力以及生活中的无聊情绪等，也是叛逆心理产生的“沃土”。[①]

四、知识链接

青春期教育一直是全球广为关注的话题，如何引导青少年建立健康的性观念，保护其不因过早偷尝青涩的禁果而遭受伤害，已成为世界各国探讨的课题。

英国法律规定，儿童从5岁开始必须进行强制性性教育。英国布里斯特尔市卫生部门让初中女生照看一些栩栩如生的假婴儿，而这些假婴儿整夜哭喊，女学生不得不整夜照顾“他们”。卫生部门希望这样能让少女明白身为人母的艰苦，不会因一时冲动而做出悔恨终身的错事。

瑞典是世界上第一个成立全国性教育组织的国家。学校的性教育已开展半个多世纪，1955年性教育被列为必修课。该国非政府性质的“全国性教育协会”在普及性知识、打破旧观念、提倡妇女保护等方面起到了积极作用，性教育由此深入社区与社会生活的各个层面。在瑞典20岁以下女孩怀孕生育的情况几乎没有，HIV阳性率至今全国仅5 132例，堕胎率较低。最近瑞典性教育被“共同生活事业”一词所代替，有更广泛的含义。

日本学生的性知识主要从学校获得，尽管家长也会主动和孩子讲一些相关知识。文部省出版的小学第一册《卫生》教科书封面就是一个妇女分娩的情形：产妇分开大腿，一个婴儿的脑袋正钻出产道。这个画面直观地告诉孩子们常爱问的问题：我是从哪里来的？

法国人在孩子很小的时候就让他们懂得男女两性的差别，人的发育和

① 青春期孩子的叛逆你懂吗［EB/OL］. http：//wenda. so. com/q/1375052693060636.

成熟以及妊娠分娩等生理科学和知识。当大人带着孩子逛街碰到一对青年恋人在忘情地接吻时，大人会停下来，向孩子讲述爱情的幸福滋味，告诉他们的爱情是自然美妙的，没有罪恶感。法国学生父母联合会会长克里斯蒂安·雅内曾批评政府性教育存在偏见，课时太少，普及不够。父母的要求受到政府的高度重视。

美国从小学一年级就开始传授生育、两性差异、个人卫生、性道德知识。初中讲授生育过程、性成熟、月经、遗精、性约束知识。到初中时期向学生讲述婚姻、爱情、家庭、同性恋、性病、卖淫、性变态等知识，并向学生发放避孕套。最近10年里有1/3的学校增加了禁欲教育，提倡将性行为推迟到婚后，并告诉学生安全性行为的做法。美国某地铁车厢上的一则广告，提醒中学生使用避孕套。画面是一群少男少女，醒目的广告词：If you do do it correctly（如果你要做，就要做得正确）。

俄罗斯家庭教育科学研究所在综合研究国内外经验教训的基础上得出结论：俄罗斯对未成年人进行性教育至少从7岁开始。目前，俄罗斯社会团体、国际组织以及公司通过一些计划对青少年进行初步的性教育。较为成功的范例有3个：一是强生公司资助的《你了解自己吗》；二是《变化》计划，针对的是14周岁的未成年人；三是俄罗斯家庭规划联合会构思的《青少年性教育教学大纲》。从医疗、心理和社会角度出发，讲述青春期、怀孕、生育、交往心理和健康生活方式等常识。

新加坡计划生育协会制订一些性教育方案，中心放在严格控制性行为上，效果良好。

韩国规定每年必须向学生进行10课时以上的性教育。[①]

---

① 贺军成.世界十国性教育面面观［J］.教书育人，2009（11）.

第二课　艾滋病毒要防住

一、教学内容

艾滋病，获得性免疫缺陷综合征（或称后天免疫缺乏综合征，英文：Acquired immunodeficiency syndrome，AIDS，音译为艾滋病），是一种由人类免疫缺乏病毒（HIV）的反转录病毒感染后，因免疫系统受到破坏，逐渐成为许多伺机性疾病的攻击目标，促成多种临床症状，统称为综合征，而非单纯的一种疾病，而这种综合征可通过直接接触黏膜组织（mucosa）的口腔、生殖器、肛门等或带有病毒的血液、精液、阴道分泌液、乳汁而传染。每年的12月1日为世界艾滋病日。1998年7月28日，卫生部宣布，在6月底青海省报告发现了艾滋病病毒感染者，这意味着艾滋病已经蔓延到中国大陆的31个省、自治区和直辖市。

北京市卫计委于2014年7月29日通报北京市艾滋病疫情监测结果，结果显示，自1985年报告全国首例艾滋病病例以来，截至2014年6月30日，北京市累计报告艾滋病病毒感染者及患者17 383例，感染者中近八成为外省市户籍人口。性传播已成为主要传播途径，其中超七成为男性性传播。

据了解，市卫计委通报2009—2013年近五年的疫情报告数据显示，北京市艾滋病报告数字5年平均增幅为24.2%，疫情报告数呈明显上升趋势。然而从具体报告病例分析，结果则显示，对于一般人群而言，艾滋病感染率始终保持着较低水平，防治效果较为明显。但在男性性行为人群等高危人群中，艾滋病感染率较高，近几年连续超过了5%的高流行水平。

在对北京市累计报告的17 383例艾滋病病毒感染者和患者进行分析后发现，外省市户籍占到了75.6%。而由于流动人群自身流动性大等特点，也使得针对该人群特别是其中的男性性行为者的各项防治措施较难有效落实。

疫情监测结果显示，在报告中艾滋病病毒感染者和患者中，经性传播所占比例已从2007年的43.5%上升到了2014年的93.4%。其中，男性性行为者的上升比例尤为明显，已从2006年的22.8%激增到2014年（截至6月底）的72.7%，明显高于异性传播所占的比例。

据介绍，由于这一人群存在高危行为改变困难、接受公共卫生服务特别是HIV相关检测的比例较低等情况，均不利于艾滋病的早发现、早报告、早管理，也给进一步报告、治疗带来了一定困难。

监测结果显示，北京市60岁及以上老年人艾滋病病毒感染者及患者报告数近年呈增多趋势，从2007年的17例已增加到2014年（截至6月底）的48例。据了解，高龄组艾滋病病毒感染者及患者主要经性传播感染，占89.6%，需要加以关注并采取相应的防控措施。

同时，一经发现即进入艾滋病期的个案所占比例也逐渐呈增高的趋势，已从2008年的6.2%上升至16.3%。市卫计委表示，下一步将进一步强化艾滋病的筛查工作，使更多感染者及时了解自己的感染状况，及时治疗，避免疾病传播。①

（一）艾滋病的临床表现

发病以青壮年较多，发病年龄80%在18~45岁，即性生活较活跃的年龄段。在感染艾滋病后往往患有一些罕见的疾病如肺孢子虫肺炎、弓形体病、非典型性分枝杆菌与真菌感染等。

HIV感染后，最开始的数年至十余年可无任何临床表现。一旦发展为艾滋病，患者就可能出现各种临床表现。一般初期的症状如同普通感冒、流感样，可有全身疲劳无力、食欲减退、发热等，随着病情的加重，症状日见增多，如皮肤、黏膜出现白念球菌感染，出现单纯疱疹、带状疱疹、紫斑、血疱、瘀血斑等；以后渐渐侵犯内脏器官，出现原因不明的持续性发热，可长达3~4个月；还可出现咳嗽、呼吸困难、持续性腹泻、便血、

① 北京1.7万人感染艾滋病［EB/OL］. http://news.xinhuanet.com/gongyi/2014-07/30/c_126813654.htm，新华网，2014-07-30.

肝脾大、并发恶性肿瘤等。临床症状复杂多变，但每个患者并非上述所有症状全都出现。侵犯肺部时常出现呼吸困难、胸痛、咳嗽等；侵犯胃肠可引起持续性腹泻、腹痛、消瘦无力等；还可侵犯神经系统和心血管系统。

1. 一般症状

持续发热、虚弱、盗汗，持续广泛性全身淋巴结肿大。特别是颈部、腋窝和腹股沟淋巴结肿大更为明显。淋巴结直径在 1 厘米以上，质地坚实，可活动，无疼痛。体重下降在 3 个月之内可达 10% 以上，最多可降低 40%，患者消瘦特别明显。

2. 呼吸道症状

长期咳嗽、胸痛、呼吸困难，严重时痰中带血。

3. 消化道症状

食欲下降、厌食、恶心、呕吐、腹泻、严重时可便血，通常用于治疗消化道感染的药物对这种腹泻无效。

4. 神经系统症状

头晕、头痛、反应迟钝、智力减退、精神异常、抽搐、偏瘫、痴呆等。

5. 皮肤和黏膜损害

单纯疱疹、带状疱疹、口腔和咽部黏膜炎症及溃烂。

6. 肿瘤

可出现多种恶性肿瘤，位于体表的卡波济肉瘤可见红色或紫红色的斑疹、丘疹和浸润性肿块。

（二）艾滋病的传播途径

艾滋病病毒感染者虽然外表和正常人看起来没什么区别，但他们的血液、精液、阴道分泌物、皮肤黏膜破损或炎症溃疡的渗出液里都含有大量艾滋病病毒，具有很强的传染性；乳汁也含病毒，有传染性。唾液、泪水、汗液和尿液中也能发现病毒，但含病毒很少，传染性不大。

已经证实的艾滋病传染途径主要有 3 条，其核心是通过性传播和血液传播，一般的接触并不能传染艾滋病，所以艾滋病患者在生活中不应受到歧视，如共同进餐、握手等都不会传染艾滋病。

（1）性接触传播：包括同性及异性之间的性接触。肛交、口交有着更大的传染危险。

（2）血液传播：包括：①输入污染了HIV的血液或血液制品；②静脉药瘾者共用受HIV污染的、未消毒的针头及注射器；③共用其他医疗器械或生活用具（如与感染者共用牙刷、剃刀）也可能经破损处传染，但这种情况较为罕见；④注射器和针头消毒不彻底或不消毒，特别是儿童预防注射未做到一人一针一管危险更大；口腔科器械、接生器械、外科手术器械、针刺治疗用针消毒不严密或不消毒；理发、美容（如穿耳）、文身等的刀具、针具、浴室的修脚刀不消毒；和他人共用刮脸刀、剃须刀或共用牙刷；输用未经艾滋病病毒抗体检查的供血者的血或血液制品，以及类似情况下的输骨髓和器官移植；救护流血的伤员时，救护者本身破损的皮肤接触伤员的血液。

（3）母婴传播：也称围产期传播，即感染了HIV的母亲在产前、分娩过程中及产后不久将HIV传染给了胎儿或婴儿。可通过胎盘，或分娩时通过产道，也可通过哺乳传染。①

日常生活事件不会传播艾滋病的途径：

握手；咳嗽或打喷嚏；昆虫叮咬；一般的身体接触、拥抱或礼节性接吻；饮水或进餐时，共用茶具、餐具；共用卫生设施、游泳池；工作场所或学校的接触；共用电话。另外，唾液、泪液、汗液、尿液以及粪便也不会传播。

（三）艾滋病的预防

目前尚无预防艾滋病的有效疫苗，因此最重要的是采取预防措施。其方法是：

（1）坚持洁身自爱，不卖淫、嫖娼，避免婚前、婚外性行为。

（2）严禁吸毒，不与他人共用注射器。

（3）不要擅自输血和使用血液制品，要在医生的指导下使用。

（4）不要借用或共用牙刷、剃须刀、刮脸刀等个人用品。

---

① 艾滋病的预防［EB/OL］. http：//health. sohu. com/2004/04/08/29/article219782911. shtml，2004－04－08.

(5) 使用安全套是性生活中特别有效的预防性病和艾滋病的措施之一。

(6) 要避免直接与艾滋病患者的血液、精液、乳汁和尿液接触，切断其传播途径。

二、教学设计

【例1】

高危行为务牢记

(一) 教学目标

(1) 让学生全面了解与预防艾滋病有关的安全行为和不安全行为，提高正确的行为决定能力。

(2) 以谈话方式导入主题，为方便学生记忆采用各种道具。

(3) 帮助学生树立正确的行为意识，选择科学正确的生活方式。

(二) 教学内容

艾滋病已经是全球关注的重点问题，本节课主要通过两个方面来讲授：一是判断艾滋病的危险行为与非危险行为；二是告诉同学们在日常生活中如何拒绝危险行为。因此，需要教师来设计一些引导性的问题，帮助学生主动学习，积极参与，同时要准备必要的防治艾滋病的案例资料。

(三) 教学课时

1 课时

(四) 教学过程

1. 导入

通过谈话的方式导入本节课所要学习的内容。艾滋病已经是全球关注的疾病，因此，老师要鼓励学生认真学习这方面的知识。

2. 教授新内容

本节课主要通过两方面来讲授：一是判断艾滋病的危险行为与非危险行为；二是告诉同学们在日常生活中如何拒绝危险行为。

(1) 判断危险行为与非危险行为。艾滋病的传播是与人的行为密切联系的。艾滋病主要通过高危行为传播，而一般的无危行为则不能感染和传播艾滋病，下面我们就通过具体活动来判断哪些属于高危行为，哪些是低危行为，哪些是无危行为。

目的：通过活动与讨论使学生强化艾滋病预防相关知识，区分危险行为与安全行为的区别，判断日常生活中一般接触行为的危险与安全程度。

教具准备：①分别将写有“高危、低危、安全、不确定”的分类卡分发给四个小组，每组一份。②将写有日常生活行为的小卡片数份，每组一份。

卡片内容：社交性拥抱、共用牙刷、共用餐具、输血、无偿献血、蚊虫叮咬、共用剪指甲、在游泳池游泳、使用公用电话、共坐公共汽车、用未经消毒的器械文身、吸食毒品、共用剃须刀、共用牙刷、共用注射器、与艾滋病感染者同班学习、打篮球、打喷嚏、人工呼吸。

（2）具体步骤。

①教师讲解：“高危”行为即有被艾滋病感染的高度危险（感染率较高）的行为；“低危”即有被艾滋病毒感染的低度（感染率较低）的行为；“无危”即不会被艾滋病毒感染的安全行为；“不确定”即无法确定是高危、低危或无危行为。

②将学生分成 4 个小组（每小组 10 人）分别将行为分类卡（高危、低危、无危、不确定）和具体行为卡（日常生活行为）分到各组，并由每组选出一个代表进行记录和总结，并主持本小组活动。

③将教室划分为 4 个区域，每小组由教师指定各自活动区域，让小组成员展开讨论。

④请各组成员各自按自己的理解将这些具体的卡片（日常生活行为）放入行为分类卡所代表的区域内，让本组同学讨论这些行为归入相适应行为卡（高危、低危、无危、不确定）是否妥当，最后，全组形成统一意见。

⑤本组讨论完毕后，可让同学走动相互参观其他小组的分类情况，比较一下各组的差异并发表个人观点。

⑥请学生回到各组内，教师启发：同学们所持的观点有什么依据？自己是否同意他人的观点？

（3）教师公布正确答案。

A. 高危行为：①有多个性伙伴；②共用注射器；③输血（输入未检测

的血液制品)。

B. 低危行为：①共用牙刷；②共用指甲刀；③用未经消毒的器械文身；④穿耳朵；⑤徒手帮助流鼻血的人止血。

C. 无危行为：①社交性拥抱；②共用餐具；③无偿献血；④蚊虫叮咬；⑤在游泳池共同游泳；⑥坐公共汽车；⑦使用公共电话；⑧与艾滋病感染者同班学习；⑨打篮球；⑩打喷嚏。

(4) 教师总结。

说明艾滋病传播的途径以及不能（不会）传播的途径和预防方法，并且强调指出，只有危险行为才会传播艾滋病，无危行为不会传播艾滋病。没有必要因此而产生正常交往的恐惧。并且着重指出，在现实生活中，一定要谨慎小心，避免高危行为，时刻做出明智的安全选择。

①如果没有预防意识，无意行为可能就成为感染艾滋病的高危行为。

②积极预防，高危行为也可能化为低危行为。

③正常的交往行为是安全行为。

(5) 在日常生活中如何拒绝危险行为。

以上我们讨论和判断了日常生活中的安全行为和危险行为。那么，在现实生活中就应积极倡导安全行为，反对和拒绝危险行为，下面我们通过现实生活中的实例来思考并发表各自的观点。

(6) 情景表演并讨论。

①你的一位亲友病了，现在需要输血，你是支持，还是反对?

②同班同学小王邀请你去文身、穿耳朵（在耳朵上打洞，俗称打耳眼儿)，你是拒绝还是答应?

③假如学校要组织你去艾滋病防治机构做义工，你愿意去还是拒绝?

(7) 教师小结：日常生活中坚持安全行为。

①坚持安全注射（包括注射疫苗）使用一次性注射器，用后及时销毁。

②处理其他人伤口应戴上手套，避免直接接触伤口。

③慎用血液制品、文身、穿耳朵等刺破皮肤器具都必须经过严格消毒，最好不穿耳朵、文身。

④了解一般接触是不会感染艾滋病的，所以应克服社交心理障碍。

⑤日常生活中应坚持安全行为，拒绝不安全行为。

3. 巩固提问

这节课主要讲了辨别艾滋病的高危行为，请同学们想一想，都有哪些行为属于艾滋病的危险行为呢？

4. 课堂小结

本课主要通过“分辨危险行为”活动和“如何坚持安全行为”的思考，让学生认识什么是安全行为和危险行为，教会学生区分、辨别安全行为和危险行为的标准与方法，使学生有了明辨行为是非的能力，自觉构筑行为的“防火墙”，更好地以自觉行为预防艾滋病。

【简要评析】

该教学设计中，教师主要是要帮助学生树立正确的行为意识，选择科学正确的生活方式。在使学生全面了解与预防艾滋病有关的安全行为和不安全行为的情况下，培养学生正确的行为决定能力以及培养学生如何规避不安全行为的意识和能力。在教学设计中，各种学习活动的设计具体，充分注意到了学生学习习惯的培养，能够调动学生自主学习的积极性，小品的编排有助于学生更加深入地了解教学目的，但同时，小品在一定程度上也会分散学生对教学内容的注意力，使注意力都集中到表演小品的学生身上。总体来说，该教学设计有助于点拨学生，培养学生动口、动手、动脑的习惯，使整节课有趣地进行。

【例2】

消除歧视多关爱

（一）教学目标

（1）明确什么是对艾滋患者的歧视，认识到歧视不利于艾滋病的预防，在遇到艾滋患感染者时要给予关心和帮助。

（2）配乐朗诵一首散文诗树立感情基调，通过案例的形式加深学生的印象。

（3）学会正确看待艾滋病感染者，体验生命的尊严，能够接纳不同的生命，加强作为青少年的社会责任感和使命感。

（二）教学内容

本节课主要是培养学生树立正确的价值观，正确看待艾滋病感染者，不歧视艾滋病感染者，尊重生命。需要教师查找与艾滋病及其预防所相关资料，收集一些有关歧视艾滋病感染者的案例文字资料和视频资料，制作内容丰富、生动形象的课件以辅助课堂教学。

（三）教学课时

1课时

（四）教学过程

1.导入

通过配乐朗诵一首散文诗树立感情基调：

有这么一群人
走到哪里人们都畏惧
或许他们身体会被隔离
或许那颗心总很孤寂
朋友远离
亲人抛弃
不知道下一个清晨初升的太阳是否还属于自己
对于老天，他们也没有什么过高的期望
只希望每个人都能给他们那一点点爱而已
或许只是一个微笑
一个眼神
一个敞开双臂的拥抱
或者短短地陪他们聊上几分钟
这足以使他们永生难忘
或许因为爱在他们眼中已经成为一种奢望
他们就是这样一群特殊的群体——艾滋病感染者

请问同学们，远离艾滋病是否就等于远离艾滋病感染者呢？请同学们扪心自问，自己是如何看待艾滋病感染者的？

2.透视心灵

情境假设：假如你身边有艾滋病感染者。

教师活动：假如你突然知道和自己很要好的朋友就是一位艾滋病感染者，你会怎么样？做出选择写在纸上。

参考选项：存在心理抵触，开始疏远朋友；

觉得很震撼，马上去检测中心检测；

给予好朋友更多的关怀；

装作不知道，会和以前一样。

教师点评：大多数人都会为自己的身边有艾滋病感染者感觉震惊是正常的，去检测是一种自觉的防范意识，这不属于歧视，相信许多人都会存在心理障碍，虽然我们已经知道日常生活接触不会感染，但是由于艾滋病的无药可救导致人们都对艾滋病感染者心存戒备，但是疏远朋友就是一种歧视，更何况他只是一个感染者。我们只需要把他们当作普通人一样，不冷眼相待、不孤立，这也是他们希望的，给予更多的关怀并不必要，反而使他们被特殊化伤害了内心。①

学生活动：在纸上写出自己的选择，根据教师点评审视自己的内心。

教师总结：我们不愿意接纳并疏远艾滋病感染者就是我们对他们的歧视。艾滋病感染者是受害者，他们的生命理应得到平等的尊重。

3. 反面教育

教师活动：列举案例

王辉因一次感冒发烧住院，怕被医院拒绝接诊隐瞒了艾滋病的病情，结果在打点滴的过程中，护士不小心将拔出的针头扎到了自己手臂上，护士也被感染了艾滋病。护士在不知情的情况下酿成了悲剧。

艾米的爸爸是个艾滋病感染者，由于爸爸的关系小艾米在学校经常被其他小朋友欺负而失学在家，小艾米的爸爸也最终失业，找工作几次都被拒之门外，加上巨额治病的钱，家庭生活拮据，经常因为一些小事，家庭纷争，最后家庭破裂，艾米对社会产生极大不满，走向社会抢劫银行，最终走向犯罪的道路。

---

① 预防艾滋病健康教育［EB/OL］. 百度文库，http://wenku. baidu. com/link? url = 0FkWDsFNtdWu3WwZVjpgYCAHh9Odh_ – k7ixFONXHloIQ8cj1Fr56f18PXY2OYwdySTYenWJInv_ yT973IypEJSAXXtJYNYklteTX_ KuerY_ .

孙小平被检查出携带艾滋病病毒，本来朋友很多的他，生活一下子发生了巨大变化，给朋友们打电话，再也没有人陪他玩儿了。从此，他的生活灰暗无光，消极厌世的他把自己封闭起来，不再与人接触，而且拒绝接受政府提供的药物援助，最终很快病情发作，全身器官衰竭，离开了人世。

学生活动：分三组讨论案例，歧视艾滋病感染者会产生什么样的后果，每组派代表发言。

教师总结：歧视艾滋病感染者的后果有：隐瞒病情，扩大艾滋病的传播；对家庭带影响，心理失衡产生犯罪心理；对自己和社会失去信心拒绝治疗，加速病情恶化。所以，歧视艾滋病感染者比艾滋病本身更可怕，不利于艾滋病的预防，给患者本身和社会安全带来危害。

4. 巩固提问

通过对本节课的学习，说说如何对待我们身边的艾滋病患者。

5. 课堂小结

艾滋病患者和我们一样，有梦想，有生命。他们渴望爱，渴望关怀，渴望像正常人一样拥有平等的权利，伸出你的关爱之手和艾滋病感染者和患者同享一个蓝天。

【简要评析】

本教学设计主要是使学生明确什么是对艾滋病感染者的歧视，认识到歧视不利于艾滋病的预防，在生活中要学会正确看待艾滋病感染者，体验生命的尊严，能够接纳不同的生命，加强作为青少年的社会责任感和使命感。该教学程序设计巧妙。在教学过程中，教师通过散文诗引入教学内容，使用调查的方法让同学们注意到身边的艾滋病问题，同时，反面案例的引用也使得同学们更加认识到本节课的教学目标。利用有效的教学手段，引导学生自主探究、合作交流，从而成功地教学生学会并认识到教学的目的。但该教学设计中的理论知识相对较少，可能不利于同学进一步加深对艾滋病预防方面的认识。

三、教学素材

（一）相关案例

1985年6月，一位美籍阿根廷人，来中国旅游，因得了怪病住进北京协和医院5天发病后死亡，这是首次报告中国境内的第一例艾滋病患者。

到2001年9月30日止，全国艾滋病病毒感染者共报告28 133例，其中艾滋病患者1 208例，死亡641例。专家估计，2001年底，全国实际感染艾滋病病毒的人数已超过60万。艾滋病已经遍及全国31个省、自治区和直辖市。

截至2004年9月底，全国累计报告艾滋病病毒感染者89 067例，其中艾滋病患者20 786例，累计报告死亡5 024例。

截至2008年9月30日，我国累计报告艾滋病例264 302例，其中艾滋病患者77 753例，报告死亡34 864例。其中，2008年1月至9月，共报告发现艾滋病毒感染者和患者44 839例，报告死亡6 897例。

我国艾滋病发病率前6位的省和自治区占到报告总数的80%，分别是云南、河南、广西、新疆、广东和四川。

“2012年广州新报告的艾滋病感染者和患者增加了1 000多人。”据广州市疾控中心主任王鸣介绍，2012年广州市艾滋病疫情上升势头明显，持广州市户籍的艾滋感染者比例上升了30%~40%。性传播成为主要传播途径，占总感染人数的80%，其中，异性恋与男同性恋各占1/2。同时，以往广州市大部分艾滋病感染者年龄在20~49岁，而如今，低龄与高龄艾滋感染者正逐年增加。“不少初中生也感染了，广州市最高年龄的感染者已经80多岁了。”王鸣表示，在当前性传播成为主要途径的形势下，市民一定要了解正确使用避孕套的方法，并让其在避孕的同时，真正起到保护健康的作用。

自2001年以来，全球感染艾滋病的青少年数量增加了33%，而在同一时期，全球艾滋病感染者数量（包括成年人、青少年和儿童）下降了20%。联合国儿童基金会艾滋病防治项目负责人道格·麦克卢尔表示：“在7例艾滋病新增病例中，大概有1例是青少年。”

世界卫生组织还指出，很多携带艾滋病病毒的青少年根本不知道他们患病，因为缺乏体检的条件。据国际组织估计，在撒哈拉以南的非洲，只有10%的青少年和15%的成年人知道他们是艾滋病病毒携带者。[①]

（二）相关标志

中国性病艾滋病防治协会成立于1993年11月30日，在国家民政部登记注册，由国家卫生部主管业务，挂靠在国家疾病预防控制中心，是专业从事性病艾滋病防治的国家级社会组织。

协会主要由性病艾滋病防治工作者、热心的各界人士自愿组成，是参与性病艾滋病防治工作的一支重要社会力量，发挥着政府联系公民社会的桥梁和纽带作用。

其宗旨是：遵守国家宪法、法律、法规和国家政策，遵守社会道德风尚，坚持独立自主和民主集中的办会原则，联合社会各界力量，围绕各个时期国家性病艾滋病防治工作的重点，贯彻落实《艾滋病防治条例》，配合各级政府卫生行政部门参与性病艾滋病防治工作，保障人民群众身体健康，促进社会的和谐、稳定。

红丝带

红丝带是对HIV和艾滋病认识的国际符号，1991年在美国纽约第一次出现。它代表了关心，这一标志被越来越多的人佩戴，用来表示他们对HIV和艾滋病的关心，关心那些活着的HIV感染者，关心那些已经死去的患者，关心那些受艾滋病影响的人。红丝带愿意成为一种希望的象征，象征疫苗的研究和治疗感染者的成功，象征HIV感染者生活质量的提高。红丝带代表着一种支持，支持HIV感染者，支持对未感染者的继续教育，支持尽全力去寻找有效的治疗方法、疫苗，支持那些因艾滋病失去至爱亲朋的人。

---

① 青少年感染艾滋病数量上升［EB/OL］. http：//news. china. com. cn/world/2013 - 11/27/content_ 30719632. htm，2013 - 11 - 27.

四、知识链接

预防控制艾滋病法律、法规、政策

《中华人民共和国传染病防治法》 1989年由卫生部颁布，是艾滋病管理工作中的重要法律依据，规定艾滋病属乙类管理传染病。艾滋病患者和艾滋病病毒感染者应对社会承担义务和责任，服从并接受医疗或卫生防疫机构的医学指导，积极采取有效措施，防止艾滋病病毒的传播、扩散，避免危害其他人。

《艾滋病监测管理的若干规定》 1988年1月14日，由卫生部等7个部委颁布。艾滋病患者和艾滋病病毒感染者有获得医疗服务、劳动就业、学习和参加社会活动等的权利。艾滋病患者和艾滋病病毒感染者的隐私权应受到尊重。任何单位和个人不得歧视艾滋病患者和艾滋病病毒感染者及其家属。不得将患者和感染者的姓名、住址等情况公布或传播。

《关于加强预防控制艾滋病工作的意见》 1995年由国务院批准颁布，对我国预防控制艾滋病的方针、原则、目标、措施做了规定，是防治工作纲领性文件。

《关于艾滋病病毒感染者和艾滋病患者管理的意见》 1999年4月，由卫生部颁布。通知明确了艾滋病病毒感染者和患者管理的原则、方式和措施，明确了感染者和患者的权利和义务，使政策性很强的艾滋病管理工作有法可依。

艾滋病病毒感染者和艾滋病患者及其家属不受歧视，他们享有公民依法享有的权利和社会福利。不能剥夺艾滋病病毒感染者工作、学习、享受医疗保健和参加社会活动的权利，也不剥夺其子女入托、入学、就业等权利。

艾滋病病毒感染者和艾滋患者应对社会承担义务和责任到医疗机构就诊时，应主动向医务人员说明自身的感染情况，防止将病毒传播给他人……对明知自己是艾滋病病毒感染者艾滋患者而故意感染他人者，应依法追究其法律责任。

《中国预防控制艾滋病中长期规划》（1998—2010年）：1998年10月，

由卫生部、国家计委、科技部和财政部下发。到2002年，普通高等学校和中等职业学校新生入学预防艾滋病、性病健康教育处方发放率达100%；普通初级中学要将艾滋病、性病预防知识纳入健康教育课程，各直辖市、省会城市、计划单列市的学校开课率为100%，县（市）和以上学校的开课率为85%以上，乡（镇）或以下学校的开课率为70%以上。

其他有关预防艾滋病的相关法律、法规、政策

《艾滋病防治条例》；

《血液制品管理条例》；

《国务院关于切实加强艾滋病防治工作的通知》；

《中国预防与控制艾滋病中长期规划（1998—2010年）实施指导意见》；

《中国遏制与防治艾滋病行动计划（2006—2010年）》；

《中国工会预防控制艾滋病战略规划（2004—2010年）》；

《全国农民工预防艾滋病宣传教育工程实施方案》；

《预防控制艾滋病宣传教育知识要点》；

《国务院防治艾滋病工作委员会部委成员单位防治艾滋病工作职责》；

卫生部、财政部关于印发《艾滋病抗病毒治疗和自愿咨询检测办法》的通知；

国务院办公厅关于印发《中国遏制与防治艾滋病“十二五”行动计划》通知；

《中国的禁毒》白皮书。

第三课 毒品危害如虫蛀

一、教学内容

（一）毒品

毒品一般是指使人形成瘾癖的药物，这里的“药物”一词是个广义的概念，主要是指吸毒者滥用的鸦片、海洛因、冰毒等，还包括具有依赖性的天然植物、烟、酒和溶剂等，与医疗用药物是不同的概念。制毒物品是指用于制造麻醉药品和精神药品的物品。毒品，有些是可以天然获得的，如鸦片就是通过切割未成熟的罂粟果而直接提取的一种天然制品，但绝大部分毒品只能通过化学合成的方法取得。这些加工毒品必不可少的医药和化工生产用的原料就是我们所说的制毒物品。因此，制毒物品既是医药或化工原料，又是制造毒品的配剂。

（二）吸毒的危害

1. 吸毒会导致传染病

吸毒不仅损害本人健康，还会造成乙型肝炎、丙型肝炎、性病的传播等公共卫生问题，其中最严重的是艾滋病的感染和传播。原因是静脉注射毒品者共用不洁注射器造成艾滋病感染率极高，特别是吸毒妇女，更是传播和感染艾滋病的高危人群，这是由于吸毒者本身可以造成艾滋病病毒的感染。此外，吸毒妇女为了获得购买毒品的金钱，不得不沦为卖淫女，而成为各种性病和感染传播的高危人群和重要感染源。

2. 吸毒对家庭会造成危害

吸毒导致大量的家庭悲剧，一旦家庭中出现一个吸毒者，就意味着贫困和矛盾围绕着这个家庭，最后的结局往往是倾家荡产，妻离子散，甚至家破人亡。首先，吸毒耗费大量钱财，到了一定程度必然要靠变卖家中财产换取毒品，致使家徒四壁。一些丧尽天良者甚至卖儿卖女，逼妻卖淫。其次，吸毒会导致婚姻破裂，家庭陷入困境。因为人一旦染上毒瘾，就会失去义务或责任观念，做丈夫的不能尽丈夫的职责，做妻子的不能尽妻子的义务，最终必然导致离婚。最后，吸毒危及下一代。怀孕妇女吸毒将严重影响胎儿的正常发育，有的致使新生儿先天畸形或染上毒瘾。

3. 吸毒者会影响人的寿命

据国外有关部门统计，吸毒者多数短命，一般寿命不超过40岁。

4. 吸毒通常会导致犯罪

由于毒品走私和贩卖有着惊人的利润，黑市海洛因毒品的价格比同重量的黄金价还要高得多。一个吸毒者每天要消耗0.5克毒品，这样每月的费用最低要在12 000元以上，这是普通人所不能承受的。为了维持毒品的消费，出路就只有去贩毒或者通过从事盗窃、抢劫、卖淫等手段来获得购买毒品的费用。其次，吸毒之后，吸毒者的正常人性的束缚和对法律规范的敬畏消失了，他们觉得精力充沛，热血沸腾，或是在外不务正业，或是出现精神失常，会去打架、抢劫。再有，由于毒品的贩卖都是成帮结伙的，吸毒者也只有加入他们圈中才能源源不断地获得毒品。这就导致犯罪团伙、黑社会的形成。这种由毒品黏合在一起的黑社会必然是刑事犯罪集团。美国、意大利的黑手党，无不参与贩毒。由于贩毒、吸毒人数的增加，这种黑社会也随之扩大，这是对社会威胁最大的一种刑事犯罪。

5. 吸毒会对人的身心造成伤害

（1）生理依赖性，由于反复用药所造成的一种强烈的依赖性。

毒品作用于人体，使人体体能产生适应性改变，形成在药物作用下的新的平衡状态。一旦停下药物，生理功能就会发生紊乱，出现一系列严重反应，称为戒断反应，使人感到非常痛苦。用药者为了避免戒断反应，就必须定时用药，并且不断加大剂量，使吸毒者终日离不开毒品。

（2）精神依赖性。毒品进入人体后作用于人的神经系统，使吸毒者出现一种渴求用药的强烈欲望，驱使吸毒者不顾一切地寻求和使用毒品。一旦出现精神依赖后，即使经过脱毒治疗，在急性期戒断反应基本控制后，要完全康复原有生理功能往往需要数月甚至数年的时间。更严重的是，对毒品的依赖性难以消除。这是许多吸毒者在一而再再而三复吸毒的原因，也是世界医、药学界尚待解决的重大课题。

（3）毒品危害人体的机制。我国目前流行最广、危害最严重的毒品是海洛因，海洛因属于阿片汀药物。在正常人的脑内和体内一些器官，存在着内源性阿片肽和阿片受体。在正常情况下，内源性阿片肽作用于阿片受体，调节着人的情绪和行为。人在吸食海洛因后，抑制了内源性阿片肽的生成，逐渐形成在海洛因作用下的平衡状态，一旦停用就会出现不安、焦虑、忽冷忽热、起鸡皮疙瘩、流泪、流涕、出汗、恶心、呕吐、腹痛、腹泻等。这种戒断反应的痛苦，反过来又促使吸毒者为避免这种痛苦而千方百计地维持吸毒状态。冰毒和摇头丸在药理作用上属中枢兴奋药，会毁坏人的神经中枢。

（三）青少年如何远离毒品

（1）接受毒品基本知识和禁毒法律法规教育，了解毒品的危害，懂得“吸毒一口，掉入虎口”的道理。

（2）树立正确的人生观，不盲目追求享受，寻求刺激，赶时髦。

（3）不听信毒品能治病，毒品能解脱烦恼和痛苦，毒品能给人带来快乐等各种花言巧语。

（4）不结交有吸毒、贩毒行为的人。如发现亲朋好友中有吸毒、贩毒行为的人，一要劝阻，二要远离，三要报告公安机关。

（5）不进歌舞厅，绝不吸食摇头丸、K粉等兴奋药。

（6）即使自己在不知情的情况下，被引诱、欺骗吸毒一次，也要珍惜自己的生命，不再吸第二次，更不要吸第三次。

二、教学设计

【例1】

珍爱生命，远离毒品——青少年毒品预防教育教学

（一）教学目标

（1）让学生了解毒品的常识与危害，懂得选择毒品就是自我毁灭，学会向毒品说“不”。

（2）了解当前禁毒工作面临的形式，增强禁毒意识。

（3）培养学生的社会责任感，参与学校、社区组织的禁毒宣传工作。

(二) 教学内容

随着科学技术的日新月异，毒品已经有了一个庞大的“家族”，目前其“家族”成员已达两百余种，通过本课程的学习，认识“毒品”的形态，了解毒品的种类都有哪些，并了解毒品的对人身体及心理的危害。

(三) 教学课时

1 课时

(四) 教学过程

当你听到“毒品”时，你的脑中会闪现一些什么？请迅速联想并列举出来。说到毒品，我们总会想到很多，毒品有哪些种类？毒品何以被称为毒品？毒品有什么样的危害等内容。

1. 常见的毒品（结合多媒体图文资料）

你所认识的毒品有哪些，请尽量列举出来。［一般人所认知的毒品：罂粟、鸦片、海洛因、大麻、古柯、可卡因、甲基苯丙胺（冰毒）、度冷丁、美沙酮、芬太尼及二氢埃托啡等。］随着科学技术的日新月异，毒品已经有了一个庞大的“家族”，目前其“家族”成员已达两百余种，可根据毒品的来源分为天然毒品和合成毒品，可根据毒品对中枢神经系统的作用效应分为镇静类毒品，兴奋类毒品和致幻类毒品。

2. 毒品的危害

你能说出毒品的各种危害吗？请尽可能地列举出来：

毒品的危害（结合多媒体图文资料）

(1) 生理危害。①中毒与死亡；②损害人体各系统；③对胎儿、婴儿的损害；④吸毒与艾滋病；⑤营养不足症。

(2) 心理危害。毒品对人类最大精神损害是导致“药物精神依赖性”。精神依赖性：又称心理依赖性，指多次用药成瘾后，导致精神上或心理上对毒品的一种主观渴求或继续使用该药的强烈欲望即“心瘾”。

(3) 社会危害。①吸毒者债台高筑，入不敷出，导致一系列违法犯罪；②吸毒殃及亲属，或亲人离散，导致家破人亡；③吸毒、贩毒带来一系列社会不安定因素。

3. 总结

毒品带给人类的只会是毁灭。旧中国，我们曾受鸦片的泛滥的毒害，而被称为“东亚病夫”，使民穷财尽、国势险危。吸毒，于国、于民、于己有百害而无一利。毒品摧毁的不但是人的肉体，还有人的意志。希望同学们正确认识毒品的危害，自觉地与吸毒、贩毒等不法行为做斗争，珍爱生命，终生远离毒品、拒绝毒品。

【简要评析】

本教学设计以了解毒品的常识与危害，懂得选择毒品就是自我毁灭，学会向毒品说“不”；了解当前禁毒工作面临的形式，增强禁毒意识；以及培养学生的社会责任感，参与学校、社区组织的禁毒宣传工作等为教学目标。该课程中教师以毒品的图像资料等导入课程，能有效加深学生对毒品的认识，并一一列举了毒品的危害，让学生了解毒品的有害性。本教案结构清晰，教学目标、重难点突出。在实践中若教师能运用恰当的教学方法和手段启迪学生，会有更好的教学效果。

【例2】

学会拒绝

（一）教学目标

（1）让同学们在不良诱惑面前，意志坚定，学会说“不”。

（2）通过语言技巧的讲解，让同学们掌握拒绝的技巧，巧妙地说“不”。

（3）教会学生在诱惑面前勇于说“不”。

（二）教学内容

青少年由于年龄特点喜欢尝试和冒险，因此当面对未知事物时少了一些保护自己的意识，当面对熟人时会觉得很难拒绝。因此在不良诱惑面前，坚定自己的意愿，学会说“不”就显得非常重要。本课程的讲解内容便是教给学生如何巧妙拒绝别人的语言技巧。

（三）教学课时

1课时

（四）教学过程

1.导入课程

青少年可能由于喜欢尝试和冒险，愿意成为同伴团体中的一员，因此当朋友说“尝一尝吧，挺好玩的，不会有事的”，就觉得很难拒绝。因此在不良诱惑面前，坚定自己的意愿，学会说“不”就显得非常重要。拒绝是一种态度，也是一种艺术，在生活中如果遇到不良诱惑时，我们应该如何拒绝呢？

2. 课程内容

(1) 写出你认为的最有效的3种拒绝方式；小组讨论，归纳出5种有效的拒绝方式。

(2) 有效的语言表达方式：①坚定地说“不”；②说“不”并加以重复；③说“不”，并说出一种理由；④说“不”，并说出一种借口；⑤说“不”，并给出另外一种选择；⑥说“不”，并以一句玩笑了之。

(3) 非语言表达：①沉默拒绝；②后退，摇头；③皱眉，并做出厌恶的面部表情；④离开，一般的情况下，语言表达会与非语言表达结合使用。

3. 学习用不同的方式表达拒绝

分组表演体验学习不同情境中的不同拒绝方式（下列以5个题目为主题，有人扮演劝说者，有人扮演拒绝者）：

(1) 尝一次吧，这也是一种体验。

(2) 尝一次吧，没事的，不会有人知道的。

(3) 尝一次吧，特舒服，特带劲儿。

(4) 如果你拿我当朋友，就不会拒绝我。

4. 总结

拒绝毒品的关键是态度和决心，但方式和方法也很重要。同学们可以在日常生活中试着体验着几种拒绝方式，懂得拒绝，才懂得如何保护自己，保护家人。

【简要评析】

本教学设计以“学会拒绝”为题，以让同学们在不良诱惑面前，坚定意志，学会说“不”为教学目标；以让同学们掌握拒绝的技巧，巧妙地说“不”为教学重点。与上一教学设计相比角度新颖、设计巧妙，模拟学生面对毒品诱惑的场景，教会学生如何运用语言，巧妙地拒绝。教师在教学过程中可多增加学生的表演练习时间，寓教于乐，能让学生在快乐中学习，更好地掌握“拒绝诱惑”的语言武器。本教学设计的缺陷在于内容较少，教师在教学过程中可根据学生性格特点及课堂需要，适当增加相应内容。

【例3】

为生命预留快乐

（一）教学目的

（1）引导学生了解与毒品相关的知识，掌握吸毒上瘾、难以根治的原理，充分认识毒品对人体、家庭和社会的危害，培养学生自觉抵制毒品的意识与能力。

（2）剖析青少年吸毒的主要原因，号召全体学生自觉远离毒品，珍爱生命。

（3）增强学生禁毒意识，提升抵御毒品的能力，从自身构建起防范毒品的意识。

（二）教学内容

大部分毒品会大量消耗人的体力和降低免疫功能，对中枢神经系统有很强的刺激作用。毒品中含有大量的生物碱，吸食大量毒品可以致人死亡。本课程的教学目标在于增强学生对于毒品危害的认识，使学生远离毒品。

（三）教学课时

1 课时

（四）教学过程

1. 通过课件出示第一组图片

（1）绚烂多姿、娇艳欲滴的罂粟花。

（2）外形毫不起眼的鸦片。

（3）洁白的海洛因、可卡因。

（4）外观可爱、五颜六色的摇头丸。

（5）外观像冰糖的冰毒。

（6）白色的 K 粉。

教师总结：以上是目前禁毒活动中常见到的毒品类型，还有一些毒品如大麻、吗啡、咖啡因、三唑仑、美沙酮、止咳水等，毒品的各类很多，但大体上可以分为两类，一类是直接从绚烂多姿、娇艳欲滴的罂粟果直接提取的；另外一类是化学合成的，但无论是哪种毒品，外观上看起来都很普通，甚至是很美丽的，比如罂粟花。但正是这种看似普通的特性，让很多人低估了它的威力，从而成为毒品的俘虏。全世界每年至少有10万人因吸食毒品丧失生命，因此罂粟花又被人们称为“恶之花、毒花”。它们对人的精神的损害远远超过某些传统毒品，其成瘾后的依赖性更加强烈，还会造成人体的一些内脏器官的不可逆的损伤，尤其是冰毒、摇头丸等。

2. 课件出示第二组图片——瘦骨嶙峋、面黄肌瘦的吸毒者

教师总结：大部分的毒品会大量消耗人的体力和降低免疫功能，对中枢神经系统有很强的兴奋作用。毒品中含有大量的生物碱，碱性成分刺激胃酸分泌，会导致长期无食欲，加上这些毒品对大脑和神经系统长期处于兴奋状态，无法正常休息，营养不良，人就会瘦骨嶙峋、面黄肌瘦，剂量大的还可能致人死亡。这是毒品对人身体的损害。毒品更大的危害在社会，吸毒的费用昂贵，大多数人最后都会因它而倾家荡产甚至家破人亡。它使道德沦丧、犯罪层出不穷进而社会动荡，给国家民族带来深重灾难。毒品使经济财产损失、精神文明遭到破坏，一些局部地区凶杀、盗窃、抢劫等暴力犯罪突出。不少青少年学生也沉溺其中，荒废了学业或沦落为罪犯。据统计青少年吸毒者占吸毒总人数的72.2%以上，这也是我们安排本次课程的一个出发点，同学们一定要清醒地认识到毒品是会毁灭自己，祸及家庭，危害社会的。

3. 毒品距离我们并不远

毒品离我们远吗？有的同学可能会这样认为，书里的描写以及电视等新闻媒体的报道离我们很远，但事实真是如此吗？答案是否定的。我们通过以前电视、网络、报纸等媒体的报道来总结一下中学生染上毒品的几种常见的方式：

（1）毒品可以止疼、治病。在个别地区，一些上了年纪的人有这种说法，牙疼的时候吃一点儿鸦片就会止疼。不可否认，部分毒品有麻醉中枢神经从而止疼的作用，但其剂量的把握是很难控制的。所以教师告诫同学们如果你们的爷爷奶奶提出这样的建议，一定不要听从，最好的选择是去医院，不要为了一时的方便而酿成大错。

（2）毒品可以提神。以前网络曾经报道过有一个面临中考的学生，每天学习、复习到很晚，感觉很疲劳。这时，有人拿来一点“白粉”，告诉

他："吸了这个就能精神百倍"。孩子信以为真就吸了。结果，没有几天便染上了毒瘾，不仅学习成绩一落千丈，身体也全垮了，最后他没有走进理想的高中，而是进了戒毒所。毒品可以使人的中枢神经暂时兴奋，但这个兴奋的代价太大了，同学们应该培养合理的学习方法，要懂得学习也应该劳逸结合。

（3）要有正确分析事物的能力，不要盲从。同学们的这个年龄，喜欢明星也就是平常大家所谓的追星，也无可厚非，但近期随着一大批明星吸毒事件被曝光，吸毒逐渐成为娱乐圈不可逃避的话题。连续的曝光、不断的忏悔，接触毒品成为是否身在明星圈的标志，也成为新晋艺人争相效仿的时尚。激发创作灵感、逃避成名压力、猎奇跟风、盲目随众等都成了明星吸毒的理由。明星作为大众偶像，引领公众生活消费，但我们认识的明星，正在蜕变为"反面教材"。实际上明星的做法可以归结为追求精神刺激，是空虚的一种表现，同学们一定要树立正确的人生观、价值观，要有正确分析事物的能力，不要盲从。

（4）交友要慎重。从报道来看，有相当多的青少年吸毒是从其周围的朋友开始的。人的青少年时期往往具有易于被周围的环境所影响的特点，这是由其涉世不深、对事物的明辨能力低的特点所决定的。所以在这一时期，交友一定要慎重，朋友做的不一定都对，也不一定都要效仿，一些不适合同学们涉足的特定场所，如歌厅、舞厅等尽量不要去。还要克服自己的好奇心，因为好奇而沾染上毒品的例子也不胜枚举。

4. 反思

吸毒与犯罪如一对孪生兄弟。据报道，在英国有一半吸毒者是靠犯罪获得买毒品的钱。为了获得毒品，此时吸毒者脑海里涌出一个个邪恶的念头，就如同潘多拉之盒已被打开。毒品之祸，莫大于毁坏社会良俗，从这个意义上来说，毒品是一个健康和谐社会要除尽的毒瘤。同学们，让我们永远记住这句话："为生命预留快乐，不要把快乐让位给毒品。"

【简要评析】

大部分的毒品会大量消耗人的体力和降低免疫功能，吸食大量毒品可能导致人的死亡。本课程教学目标在于增强学生对于毒品危害的认识，使学生远离毒品。教学设计主要从毒品对人身体危害的角度出发，通过展示那些因为吸食毒品而日渐消瘦的吸毒者的照片，来向学生直观地讲解毒品对身体的伤害。设计环节逻辑清晰，布局合理，图片展示具有感染力，能有效吸引学生的注意力，采用讨论教学的形式完成任务，能提高整节课的课堂效率，并有效提高学生对毒品危害的认识。

三、教学素材

相关案例

2010年7月5日，广西壮族自治区桂林市灌阳县的一名初中一年级的学生，因为吸食毒品而死亡。沿着这名学生死亡的线索，记者调查了校园里孩子们面临的“白色”诱惑。

死亡的学生名叫陈某，14岁，在桂林市灌阳县民族中学读初中一年级，事发当天中午，陈某从学校回到家中，当时他坐在客厅沙发上，陈某的母亲在厨房里忙乎着午饭，陈某的妈妈回忆：“突然听到扑通的一声，孩子从沙发上面掉在地上，看到他手脚都抽筋了，我马上跑出来把他扶到沙发上。”

当时陈某口吐白沫倒在地上，四肢抽搐，神志不清，家人立即拨打了“120”急救电话，医生诊断：“吸毒过量。”

经过几个小时的抢救，也没能留住陈某的生命。同时灌阳县公安局民警也来到医院为陈某做了尿检，证明他曾吸食毒品K粉，医院也认定陈某是因过量吸食K粉而导致呼吸循环系统脏器衰竭，最终死亡的。这是灌阳县第一例未成年人吸毒死亡的案例。①

四、知识链接

保护未成年人合法权益不受侵害，是家庭和社会的责任。不管是国家、家庭还是社会都有义务使青少年远离毒品的侵害，为此相关法律做出如下规定：

《中华人民共和国未成年人保护法》第十一条　父母或者其他监护人

① 陈某死亡事件. http：//news. sina. com. cn/s/sd/2010－08－28/180720993897. shtml.

应当关注未成年人的生理、心理状况和行为习惯，以健康的思想、良好的品行和适当的方法教育和影响未成年人，引导未成年人进行有益身心健康的活动，预防和制止未成年人吸烟、酗酒、流浪、沉迷网络以及赌博、吸毒、卖淫等行为。

《刑法》第三百四十七条 【走私、贩卖、运输、制造毒品罪】走私、贩卖、运输、制造毒品，无论数量多少，都应当追究刑事责任，予以刑事处罚。

走私、贩卖、运输、制造毒品，有下列情形之一的，处十五年有期徒刑、无期徒刑或者死刑，并处没收财产：

（一）走私、贩卖、运输、制造鸦片一千克以上、海洛因或者甲基苯丙胺五十克以上或者其他毒品数量大的；

（二）走私、贩卖、运输、制造毒品集团的首要分子；

（三）武装掩护走私、贩卖、运输、制造毒品的；

（四）以暴力抗拒检查、拘留、逮捕，情节严重的；

（五）参与有组织的国际贩毒活动的。

走私、贩卖、运输、制造鸦片二百克以上不满一千克、海洛因或者甲基苯丙胺十克以上不满五十克或者其他毒品数量较大的，处七年以上有期徒刑，并处罚金。

走私、贩卖、运输、制造鸦片不满二百克、海洛因或者甲基苯丙胺不满十克或者其他少量毒品的，处三年以下有期徒刑、拘役或者管制，并处罚金；情节严重的，处三年以上七年以下有期徒刑，并处罚金。

单位犯第二款、第三款、第四款罪的，对单位判处罚金，并对其直接负责的主管人员和其他直接责任人员，依照各该款的规定处罚。

利用、教唆未成年人走私、贩卖、运输、制造毒品，或者向未成年人出售毒品的，从重处罚。

对多次走私、贩卖、运输、制造毒品，未经处理的，毒品数量累计计算。

第三百四十八条 【非法持有毒品罪】非法持有鸦片一千克以上、海洛因或者甲基苯丙胺五十克以上或者其他毒品数量大的，处七年以上有期徒刑或者无期徒刑，并处罚金；非法持有鸦片二百克以上不满一千克、海洛因或者甲基苯丙胺十克以上不满五十克或者其他毒品数量较大的，处三年以下有期徒刑、拘役或者管制，并处罚金；情节严重的，处三年以上七年以下有期徒刑，并处罚金。

第三百四十九条　【包庇毒品犯罪分子罪；窝藏、转移、隐瞒毒品、毒赃罪】包庇走私、贩卖、运输、制造毒品的犯罪分子的，为犯罪分子窝藏、转移、隐瞒毒品或者犯罪所得的财物的，处三年以下有期徒刑、拘役或者管制；情节严重的，处三年以上十年以下有期徒刑。

【包庇毒品犯罪分子罪】缉毒人员或者其他国家机关工作人员掩护、包庇走私、贩卖、运输、制造毒品的犯罪分子的，依照前款的规定从重处罚。

【走私、贩卖、运输、制造毒品罪】犯前两款罪，事先通谋的，以走私、贩卖、运输、制造毒品罪的共犯论处。

第三百五十一条　【非法种植毒品原植物罪】非法种植罂粟、大麻等毒品原植物的，一律强制铲除。有下列情形之一的，处五年以下有期徒刑、拘役或者管制，并处罚金：

（一）种植罂粟五百株以上不满三千株或者其他毒品原植物数量较大的；

（二）经公安机关处理后又种植的；

（三）抗拒铲除的。

非法种植罂粟三千株以上或者其他毒品原植物数量大的，处五年以上有期徒刑，并处罚金或者没收财产。

非法种植罂粟或者其他毒品原植物，在收获前自动铲除的，可以免除处罚。

第三百五十二条　【非法买卖、运输、携带、持有毒品原植物种子、幼苗罪】非法买卖、运输、携带、持有未经灭活的罂粟等毒品原植物种子或者幼苗，数量较大的，处三年以下有期徒刑、拘役或者管制，并处或者单处罚金。

第三百五十三条　【引诱、教唆、欺骗他人吸毒罪】引诱、教唆、欺骗他人吸食、注射毒品的，处三年以下有期徒刑、拘役或者管制，并处罚金；情节严重的，处三年以上七年以下有期徒刑，并处罚金。

【强迫他人吸毒罪】强迫他人吸食、注射毒品的，处三年以上十年以下有期徒刑，并处罚金。

引诱、教唆、欺骗或者强迫未成年人吸食、注射毒品的，从重处罚。

第三百五十四条 【容留他人吸毒罪】容留他人吸食、注射毒品的，处三年以下有期徒刑、拘役或者管制，并处罚金。

第三百五十五条 【非法提供麻醉药品、精神药品罪】依法从事生产、运输、管理、使用国家管制的麻醉药品、精神药品的人员，违反国家规定，向吸食、注射毒品的人提供国家规定管制的能够使人形成瘾癖的麻醉药品、精神药品的，处三年以下有期徒刑或者拘役，并处罚金；情节严重的，处三年以上七年以下有期徒刑，并处罚金。向走私、贩卖毒品的犯罪分子或者以牟利为目的，向吸食、注射毒品的人提供国家规定管制的能够使人形成瘾癖的麻醉药品、精神药品的，依照本法第三百四十七条的规定定罪处罚。

单位犯前款罪的，对单位判处罚金，并对其直接负责的主管人员和其他直接责任人员，依照前款的规定处罚。

第三百五十六条 【毒品犯罪的再犯】因走私、贩卖、运输、制造、非法持有毒品罪被判过刑，又犯本节规定之罪的，从重处罚。

第三部分

预防和应对意外伤害类事故

内容提要

意外伤害是指因意外导致身体受到伤害的事件，常用于保险业。按照保险业的常见定义，意外伤害是指外来的、突发的、非本意的、非疾病的使身体受到伤害的客观事件。初中生介于小学与高中之间，是容易被忽视的群体。由于小学生年纪小，所以有父母、老师给予的“特殊”关爱。初中生的各方面阅历丰富起来，也可以适当地避免意外的发生。所以对于初中生的意外伤害类事故要更加重视，随着工业化社会生活方式的改变，人群暴露于意外伤害事故的危险度急剧增长。初中生经常发生的意外事故有：交通意外、设施使用意外、校园活动意外等。

第一课　交通法规要遵守

一、教学内容

交通法规是指《中华人民共和国道路交通管理条例》（简称《条例》）于1988年3月9日国务院发布，同年8月1日起施行，共9章93条，它是我国道路安全管理现行的一部“交通法规”。现在，国家新出台的《中华人民共和国道路交通管理法》，也更加完善。内容包括：凡在道路上通行的车辆、行人、乘车人以及在道路上进行交通活动的人员，都必须遵守该条例：机关、军队、团体、企业、学校等组织，应当经常教育所属人员遵守该《条例》：驾驶车辆、骑车、行人、乘车人和道路管理以及交通违章处罚等，都做了比较具体的规定，还规定交通民警必须秉公执法，对违反该《条例》的人，应根据情节轻重，给予批评教育或适当处罚。

让学生们意识到交通法规也是法，从小养成遵纪守法的好习惯，遵守公共秩序，尊重交通民警的劳动，服从指挥，做一名品学兼优的学生。

（一）初中生违反交通法规的学生成因分析

1. 自我保护意识差

大多数初中生由于生理、思想上尚未完全成熟，心理上也是不稳定的。他们自以为自己不是小学生了，有了成熟的思想，可他们的交通法规是极其缺乏的，对行人的行走规则及机动车的行驶特点不确定，更不明白违反交通法规将会导致怎样的后果，公路和街道就往往变成学生们的操场、竞技场和打闹玩耍场所，直到危险降临而不自知。

2. 交通行为较盲目

初中生的好奇心较强，喜欢研究的事物越来越多。明知道违规却偏要穿越隔离护栏，与车辆赛跑，追车扒车，骑车追逐、嬉戏；明知危险，却硬是胡钻乱窜，掉头猛拐，车辆临近突然横穿，骑车撒把，加之初中生遇事不冷静，对后果估计不足，遇到突发情况经常手忙脚乱，采取措施不当，从而引发交通事故。

3. 学生骑自行车

初中生可以骑车上学，又具有较强的冒险心理，不愿遵守交通规则，缺乏交通安全知识的学习，在马路上横穿乱窜，导致司机猝不及防，安全隐患层出不穷。

（二）预防初中生违反交通法规的对策

学生违反交通法规，特别是初中生违反交通法规造成交通事故已成为一个突出问题。预防和减少初中生违反交通法规行为的发生，从根本上来说，就是要提高学生对交通法规的认识水平。

1. 学生要学习关于交通法规的知识

让学生学习这方面的知识，初中生的理解能力足以接受，采用多种方式展开交通法规教育。请当地交通管理部门的人员结合本地的交通违法事例，对学生开展交通法规和交通安全知识的教育，使学生能知法、懂法和守法。

学校通过学生家长会，向家长宣传交通法规和交通安全知识，提高家长做好学生安全工作的紧迫感。特别是初中生已经年满 12 周岁，根据医学、生理学和心理学的资料分析表明，一个人的发育期通常要满十二或十三岁，才能初步达到最低要求。因此，交通规则从保障少年儿童的安全出发，规定十二周岁以上儿童可以骑车。因此，家长就要教育孩子懂得更多的骑车交通法规。

2. 学生要学习关于汽车的性能知识

在一般情况下，汽车在行驶中，如遇到危险情况，驾驶员踩刹车减速或停车就可能避免交通事故。但是，遇到紧急突发情况，如行人或骑车人在车辆接近时横穿马路，尽管驾驶员采取紧急刹车的措施，也难免发生交通意外事故。根据惯性的原理，驾驶员从发现危险到采取紧急刹车到汽车完全停止，需要两个过程，即“制动停车过程”和“制动停车距离”。这就如同你在奔跑中突然停下来，还受惯性的作用，不由自主地向前冲击一样。汽车行驶速度越快，惯性力越大，制动停车距离越长。

3. 学生要增强这方面的安全意识

无论学生学会多少知识，不能认真地应用于实践中也是无用的。因此，只有学生的安全意识强，再应用于实践才能更好地吸收交通法规知识。为了增强学生这方面的安全意识，可以通过理论方法和实践方法来解决。

理论方法就是学生要读关于交通法规知识的书籍，并且要认真听取老师的讲解。实践方法就是参与一些社会活动，深入了解事件。这样更容易触动学生的心灵，增强安全意识。

二、教学设计

【例1】

行人应遵守的交通法规和公共道德

（一）教学目标

（1）了解一些常用的行人应遵守的交通法规和公共道德法规。

（2）在学习过程中，让学生深刻体会这些法规。

（3）在情感态度上理解行人应遵守的交通法规，在价值观上认可公共道德遵守的重要性。

（二）教学课时

1 课时

（三）教学准备

（1）查阅关于行人应遵守的交通法规和公共道德的知识，并且进行深入解读。

（2）教师设计引导性问题，帮助学生主动学习，积极思考。

（3）准备必要的交通法规案例资料，做好幻灯片。

（四）教学过程

1. 问题导入

每个学生都是路上的行人，都要遵守一定的交通法规和公共道德。

上课前老师可以向同学们提问：“大家怎样理解交通法规和公共道

德?”“在路上你都遇见过哪些违反交通法规和公共道德的行为?”

通过提问引出本次课的内容，要积极引导学生回答问题。

同学们会说，行路有什么常识可言，人自从出生蹒跚学步时就会走路。其实不然，行路有很多学问和常识，必须充分加以认识和运用，才能有效地保护自己。那么行路要注意哪些事项呢？下面我们一一解答。

2. 教授新内容

老师：“通过大家的回答，可以看出同学们已经知道不少关于行人应遵守的交通法规，下面我们就一起学习一下具体内容。”

把准备好的幻灯片放映，以下每一条都要展开讲解。

◎自觉遵守交通法规，主动避让在车行道上正常行驶的车辆，劝阻家人、邻居不占道摆摊、晒粮、晒草和打场，以免堵塞交通。

◎禁止在道路上爬车、追车、强行拦车或掷物击车。不向驾乘人员泼污水、扔石子、骂脏话，更不得砸玻璃、戳轮胎。

◎严禁在道路上设置石头、木棒等障碍物，更不准挖掘、损毁公路、铁道路基路面和堵塞公路、铁路边的排水沟。

◎禁止攀折、毁损公路、铁路、河流两旁的树木。

◎禁止翻越、倚坐人行道与车行道间的护栏和隔离墩，更严禁对护栏、隔离墩及其他交通设施如信号灯、标志、标线等进行破坏。以上严禁的行为，都是违纪违法行为。

◎遇到聋、哑、盲人和行动困难的老人，要主动上前帮助，引导他们按交通规则行动。

◎遇到车祸时，要主动报警，协助成年人保护好事故现场，主动给予受害者力所能及的帮助。

3. 课堂讨论

观看小品——《爸妈，对不起》

情景一：一个孩子要出去上学，他的爸妈反复叮嘱，路上一定要小心……他却不耐烦地说爸妈啰唆。

情景二：一次来学校，他因在路上耽搁了一些时间，快迟到了，在横过学校门口的马路时，他因心急，不走人行横道，想快速跑向对面，就在这时，悲剧上演了，就在他横冲时，一辆车直接撞上了他，他倒在血泊里了。

情景三：因医院抢救及时他保住了生命，可从此他再也站不起来了，生活也不能自理。他看着为他悲痛伤心的爸爸妈妈，流下了深深悔过的泪水。

老师提问：看完小品后，有什么感受？同时，你觉得我们应该怎么做，才会尽量避免这类悲剧的发生？

小组成员进行讨论，说出内心的感受。

4. 本课小结

这节课，通过一系列活动，同学们要树立交通安全意识，从精神上远离交通安全隐患，加强自身的素质培养。继续进一步做好我们的交通安全教育，减少交通违章，杜绝交通事故。

【简要评析】

本节课教学目标清晰、具体，易激发学生的学习兴趣。教学目标的指导是学生进一步学习的基础。教师注重引导自主探究、合作交流，通过提问和课堂提问进一步引发学生的学习兴趣。观看小品是本课的亮点，不仅能引起学生的注意，更能引导学生学习本课的兴趣。学生通过小品的观看，进一步学到知识。最后，本节课充分注重学生学习习惯的培养，因材施教。遵循常规但不拘泥于此，根据学生的差异和特点，从具体到抽象对教材进行处理。

【例2】

自行车使用常识

(一) 教学目标

(1) 了解一些常用的自行车使用常识。

(2) 在学习过程中，让学生深刻体会这些常识。

(3) 让学生在情感上了解自行车使用不当的危险性。

(二) 教学准备

(1) 关于常用的自行车使用常识要进行查阅，并且进行深入解读。

(2) 教师设计引导性问题，帮助学生主动学习、积极思考。

(3) 准备必要的交通法规案例资料。

(三) 教学课时

1 课时

（四）教学过程

1. 图片导入

首先，教师可以统计一下班级中骑自行车上学的学生，对这部分学生要着重提问。通过有关自行车事故案例，让中学生围绕事故发现问题，分析原因，引入本节课的内容。

教师："同学们请看图片（图片是关于骑自行车出现的意外情况），大家有什么感想?"

2. 教授新内容

(1) 出示警方统计数据揭示课题。

(2) 问题切入，掌握哪些是不应该出现的情况。

教师在授课前可以提问："同学们中有多少骑车上学的，你认为自己平时在这方面做得好吗?"教师要根据学生的回答进行总结。接下来教师给同学们仔细讲解自行车出行安全。

我国《条例》明文规定，未满十二周岁的儿童不准在道路上骑自行车。而当你已达到法定的骑车年龄，准备骑车，则必须认真学一学交通规则和掌握安全骑车要领。自行车首先应该保持机件完好，安全设备、牌证齐全有效。骑车前，应该先检查一下铃、锁、刹车、车轮、龙头等是否完好。学骑自行车时，应选择广场、操场或人车稀少的道路。严禁在交通繁华地段学骑自行车。当你已经掌握骑车技术，可单独骑车时，你还应该掌握以下几条安全骑车规则：

◎在非机动车道内按顺序行驶，严禁驶入机动车道。在没有划分非机动车道的道路上行驶，就尽量靠右边行驶（距路边边缘线1.5米以内），不要在公路中间行驶，不要扶身并行，互相追逐或曲折竞驶，不要双手离把、攀扶其他车辆或手中持物，更不能逆向（在路左边）行驶。

◎骑车转弯前，要减速慢行向后瞭望，伸手示意。左转弯前伸出左手示意，同时要选择前后无来往车辆时转弯，切不可在前后有来往车辆时突然猛拐，争道抢行。在交叉路口转弯时要转大弯行驶。

◎自行车在道路上停放，应按交通标志指定的地点和范围有秩序地停放。在没有设置交通标志的路上停放也不要影响车辆、行人的正常通行。

◎在大、中城市市区道路上，不准骑自行车带人。

3. 学习反思

通过本节课的学习，同学们是不是对骑车安全有了更深刻的了解呢？下面我们一起来反思一下吧（要求学生写一下学习感悟）。

4. 教师总结

通过本节课的学习，同学们一定要理解好老师讲解的内容，不管是骑车上学还是骑车游玩，为了我们自己的生命安全一定要遵守这方面的法规。

【简要评析】

本节课教学内容主次分明，抓住关键，结构合理。注重自行车使用注意事项的讲解。衔接自然紧凑、组织严密。采用有效的教学手段，引导自主探究、合作交流，成功地教学生“学会”。整个教学过程设计完整有序，既体现知识结构、知识点，又注意提出学生互动设计，体现教学民主、培养学生良好的学习品质。良好的师生互动是本节课的重中之重，让学生自己开口，让学生主动参与了整个教学过程。最后的学习反思，不仅巩固了学习的知识，而且让学生把这些知识进一步消化，教师可以通过看学生所写的感想了解学生的学习状况。

【例3】

乘车须知

（一）教学目标

（1）了解一些常用的乘车常识。

（2）在学习过程中，让学生深刻体会这些常识。

（3）让学生在情感上了解不遵守乘车安全的危害性。

（二）教学准备

（1）关于常用的乘车常识要进行查阅，并且进行深入解读。

（2）教师设计引导性问题，帮助学生主动学习、积极思考。

（3）准备必要的交通法规案例资料。

（三）教学课时

1课时

（四）教学过程

1. 事例导入揭示课题

通过一个关于违反乘车道德规范的视频或者资料，“小明在乘坐校车时总要冲到最前面，不仅在车上大吵大闹，而且随处走动。司机叔叔怎么劝，他都不改变自己的乘车习惯”。

那现在同学们自行成组，10分钟时间讨论：“资料中的学生出现了什么样的错误，同学们在现实生活中应该怎样做？”

2. 教授新内容

（1）总结学生回答的答案，揭示出学生在乘车中出现的误区。

（2）接下来由老师带领同学们一起学习乘车注意事项。我们不少同学上学、放学每天几次乘坐车辆，然而乘坐车辆也应该讲究社会公德和掌握应有的乘车常识，以保障人身安全。

◎乘公交车时须在站台指定地点依次候车，等车辆停稳后先下后上。上车后主动让座给老人、患者、残疾人、孕妇或怀抱婴儿的乘客；下车后，应随即走上人行道，千万不要在车前或车尾急穿马路，以防被车撞倒。

◎不准在车行道上招呼出租车。因为在车行道上招呼出租车妨碍交通，很容易被你招来的以及路上来往的车辆撞到，甚至会造成因被招呼的车突然导致后车追尾相撞事故。所以，在人行道或路边招呼出租车才能保证人身安全。

◎不准携带易燃、易爆等危险物品乘车。这些物品会受热、挤压或意外情况引起或爆炸，造成人身伤亡和车辆损坏。

◎机动车在行驶中，乘车人要坐稳扶牢，防止紧急刹车，不得将头、手伸出窗外，以免被来往车辆擦伤。不准在车辆未停稳时急忙下车。

◎乘坐大卡车时，不准站立，不准坐在车厢栏板上。否则，会被车辆紧急刹车或转弯时的惯力抛出车外。乘坐大卡车时，应蹲下，并抓牢车厢栏板。

3. 学生提问，巩固本节课的内容

教师总结：通过本节课的学习，大家是不是对乘车安全有了更深刻的理解呢？如果大家还有什么问题，教师要一一解答。

4. 拓展延伸

（1）行人在经过人行横道时，怎样走才最安全？（　　）

A. 一直向右看　　　　B. 一直向左看　　　　C. 先向左看，再向右看

(2) 行人在没有交通信号灯和人行横道的路口应如何通过？(　　)

A. 跑步快速通过

B. 示意机动车让行后直行通过

C. 确认安全后直行通过

(3) 黄灯持续闪烁时表示 (　　)。

A. 有危险，车辆、行人不准通过

B. 车辆、行人须注意观望，确认安全后通过

C. 车辆、行人可以优先通过

(4) 当路口信号灯为红灯和黄灯同时亮时，它表示的是什么含义？(　　)

A. 即将变为绿灯，做好起步准备

B. 清理路口，不准通行

C. 道路通畅，快速通过

(5) 机动车行驶时，除驾驶员应当按规定使用安全带外，同车还有哪些人要使用安全带？(　　)

A. 前排乘车人　　　　B. 后排乘车人　　　　C. 全部乘车人

(6) 当你需要乘坐出租车时，你可以 (　　)。

A. 站在机动车道上拦乘　　　　B. 站在路口拦乘

C. 站在人行道上拦乘

(7) 当机动车停在机动车道上时，你应当怎样上下车？(　　)

A. 从机动车左侧下车　　　　B. 从机动车右侧上下车

C. 只要不妨碍其他车辆和行人通行，左右侧上下车都可以

(8) 小红在等候乘坐公共汽车时，应该站在 (　　)，依次排队。

A. 机动车道上　　　　B. 站台或指定位置

C. 非机动车道上　　　　D. 人行道上

(9) 小杨每天都经过铁路道口，他在经过铁路道口时应该 (　　)。

A. 快速跨越铁轨　　　　B. 进入道口，观察后通过

C. 一停，二看，三通过　　　　D. 在栏杆放下时抢先通过

(10) 明明在晚自习课后骑自行车回家途中，迎面遇到一辆驶来的汽

车，灯光非常耀眼，为了安全，明明应该（　　）。

A. 用手遮挡灯光　　B. 闭目缓慢行驶

C. 下车靠边避让　　D. 迎着灯光行驶

【简要评析】

这节课教学程序设计巧妙。通过事例导入学习新知识，最后学生提问。每一步都紧紧相扣，而且每一步都必不可少地出现。在教学过程中能运用上新颖独特的教学方法、言简意赅，引导学生动口、动手、动脑，主动参与教学过程。特别是最后的学生提问环节，教师进一步解答了学生心中的疑问，巩固获得的知识。教学程序设计突出了“以学生为本”的理念、全面培养学生素养、自主合作探究学习的理念。教师配以亲切活泼的教态，能较为恰当地运用丰富的表扬手段，让学生在学习中感受成功的快乐。

【例4】

马路不是游戏场

（一）教学目标

（1）帮助学生认识马路游戏的危害性。

（2）教育学生远离马路，去其他场所游戏。

（3）马路不是游戏场，让学生在情感与价值观上认同这一观点。

（二）教学准备

（1）查阅关于马路游戏的危害性，并且进行深入解读。

（2）教师设计引导性问题，帮助学生主动学习，积极思考。

（3）准备必要的交通法规案例资料。

（三）教学课时

1课时

（四）教学过程

1. 问题导入新课

问题讨论：教师上课开始时，可活跃一下课堂气氛，和同学们聊一聊是否有在马路上游戏的经历。

2. 出示图片，引发讨论

老师呈现学生在马路上游戏的图片，让同学们自己说出这样做的危害有哪些。危险这么多，我们应该怎样做？

3. 教授新内容

道路是为了便利交通而铺设的。道路上车辆、行人川流不息，交通十分繁忙，如果我们随意在道路上玩耍、追逐，把它当成“游戏场”，不仅影响交通，而且非常危险。现实生活中，已经发生了不少悲剧，有不少血的教训。

中小学生处在生长发育、增长知识的阶段，对很多事物非常感兴趣，如踢足球、滚铁环、溜冰、打羽毛球、放风筝等。不少人不仅在课间休息时间玩儿，在上学、放学的道路上也玩，不知这样非常危险，有时为追赶玩儿的物品跑向路中，导致汽车驾驶员措手不及，而发生交通事故。在人行道上跳橡皮筋、踢毽子、玩呼啦圈，都会给来往行人带来不便，也是妨碍交通的违章行为。

在道路上追追打打，车前车后乱窜，互相扔石子、泥块、处于开心、好奇，在道路上追车、扒车，向行驶中的车辆投掷杂物，以此取乐，等等，这些都是危害交通导致事故的根源，是必须严格禁止的行为。

4. 作业巩固

写一篇学习心得，自己以后应该怎样来做。回家也可和父母加以讨论，还有哪些应注意的事项。

【简要评析】

本节课对教学内容把握透彻、挖掘深入、处理新颖。在课堂教学中，对重点难点言简意赅，分析透彻。并且方法得当，语言清晰，具有感染力。习题适量，题量适当，激发学生学习兴趣。根据学生的实际情况，精心设计的练习，可以让学生对自己学习的知识加以巩固。整节课结构清晰、运用恰当的教学方法和手段启迪学生思维。学生在愉快的氛围中不仅学习了知识，而且能把所学的知识运用到现实生活中，理论与实践相结合的授课，使学生受益良多。

三、教学素材

相关案例

2003 年，全国共发生道路交通事故 667 507 起，死亡人数又一次突破

10万大关，达到104 372人，伤494 174人。在机动车和驾驶员数量增长的情况下，道路交通事故起数、死亡人数、受伤人数均比2002年有所下降，分别下降为13.7%、4.6%、12.1%，如果仅以每一位死者直系亲属3人计，一年中有30万个家庭遭到家破人亡的灭顶之灾；如果以10位亲属计，死者牵连到的亲属约100万人。10万个鲜活生命葬于滚滚车轮之下，碾在车轮下的有多少个撕心裂肺的人间惨剧？

2004年，全国因交通事故造成10.7万人死亡，其中学龄前儿童、小学生和中学生分别为2 880人、2 656人和1 767人，共有7 303名少年儿童被道路交通事故夺去了生命。2005年，全国交通事故平均每小时死亡11人，这其中至少有一名是少年儿童。这年全国因交通事故造成中小学生死亡4 423人，占总数的4.4%，其中，中学生死亡1 767人、伤10 098人，小学生死亡2 656人、伤10 819人。2006年全国交通事故造成两万多名12岁以下的儿童死伤。年龄越小，死亡率越高。这些黑色的统计数字让人触目惊心，交通意外伤害已成为中小学生意外伤害的第一杀手?！生命之花，瞬间凋落，警钟在耳，声声锥心。

2008年，全国共发生道路交通事故265 204起，造成73 484人死亡、304 919人受伤，直接财产损失达10.1亿元。与2007年相比，分别下降19%、10%、25%、15%、39%。

中国每5分钟就有一人因车祸死亡，每一分钟就有一人因车祸伤残，每天死亡280多人，每年死亡10万多人，汽车数量占世界1.9%，车祸死亡人数占世界的15%，且每年增加4.5%。自1899年发生第一起有记录的车祸以来，全球车祸累计死亡3 000万人，超过第二次世界大战死亡人数。所以每个人都必须珍惜生命，注意安全。

2009年全国共发生道路交通事故23.8万起，造成67 759人死亡、275 125人受伤，直接财产损失9.1亿元，与2008年同期相比，分别下降10.1%、7.8%、9.8%和10.7%。

截至2010年3月，全国机动车保有量约1.92亿辆，全国机动车驾驶人约2.05亿人，中国已经大踏步进入“汽车时代”。但是，有数据显示，儿童因道路交通事故导致的儿童伤害和死亡率在1985—1999年的15年间增长了81%。目前，我国每年有超过1.85万名的14岁以下儿童死于交通安全事故，每天，至少有19名15岁以下的中国孩子因道路交通意外而死亡；77人因道路交通伤害而受伤。少年儿童交通事故死亡率居全球首位，是欧洲的2.5倍、美国的2.6倍。

四、知识链接

相关的国内外教育的情况以及有关的安全教育法律法规的相关法条等。

怎样教孩子注意交通安全

在日本的广播电视节目中，每隔12分钟就会报告一次交通情况。日本的出租车内一般都装有小屏幕的电视机，以随时接受交通管理部门的指导和教育。在日本的各主要街道上，可以看到矗立着的巨型告示牌，宣告本地区昨天的车祸情况，在一些路口还赫然立着4米高的木牌，上面用红字写着某年某月某日有人在此因车祸罹难，以警示人们注意交通安全。

日本的少年儿童从小就接受交通安全教育，交通安全知识编入了他们的语文、算术、画图等科目中。政府经常通过邮局向学龄前儿童赠送宣传交通安全常识的玩具，使其从小能通过活泼的形式提高安全意识。

此外，世界上许多国家的政府还专为儿童制定了《儿童过街法》，对儿童加以保护。德国的《儿童过街法》内容为：白天给儿童佩戴斜在肩上的彩色绶带，夜间过街时穿发光衣，行人、车辆看到后要主动停下来，让儿童先过街。

智利规定，上学或放学时，每个路口都要有一位值日学生站在马路中间，举起戴红色手套的左手，为学生们安全过街“发号施令”，行人、车辆都要主动让路。

加拿大政府规定，当儿童手持“STOP”（停止）标语牌过马路时，一切车辆必须停下来，让儿童先过街，任何人坐的车辆都不例外。

让孩子牢记八大交通规则

为了避免交通事故的发生，年轻父母不妨通过生动有趣的方式，让孩子了解并掌握以下几条交通法规：

（1）在马路或街道上行走，必须由成年人带领。

（2）不要乱穿马路，步行必须在人行道上行走，若没有人行道则靠路边行走。

（3）横过车行道，一定要走斑马线人行道。

（4）不要在道路上玩耍、踢球、扒车、追车、强行拦车或抛物击车，不要在道路上做妨碍交通的事。

（5）在机动车行驶过程中，不要将身体的任何部分伸出车外，不要妨碍驾驶员正常工作。

（6）不要翻越马路上的交通隔离设施。

（7）不满 12 岁的儿童不准骑自行车。

（8）不能在人行道或马路上学骑自行车。

年轻父母应牢记的八项注意

（1）在通过没有交通信号控制的人行横道时，要注意主动避让车辆。

（2）在有人行过街天桥或地道的地方，过马路一定要走人行过街天桥或地道，不要随便乱穿马路。

（3）不要穿越、倚坐在人行道、车行道和铁路道口的护栏上。

（4）不要在车行道、人行天桥、人行地道、桥梁、隧道或交通安全设施等处坐卧。

（5）不要在车行道上招呼出租车。

（6）不要携带易燃、易爆等危险物品坐公共汽车、出租车等。

（7）坐摩托车时，请不要侧坐或倒坐。

（8）乘坐公共汽车或其他车辆时，要等车停稳后，先下后上。

第二课　设施使用要安全

一、教学内容

火在给人类带来光明与温暖的同时，用之不当也会给人们带来灾难。火灾是指在时间和空间失去控制的燃烧所造成的灾害。电是我们生活中不可缺少的，它给我们带来光明和方便。随着生活水平的不断提高，我们生活中用电的地方越来越多，但如果不注意安全，电也会给我们带来危险和灾祸。初中生已经开始学着做饭，父母忙，孩子就得自己动手。这样他们就很容易接触到煤气。煤气的使用安全就出现了很多问题。小偷经常在学生一个人在家的时候进行偷盗，学生容易上当受骗，因此防盗门的使用知识也至关重要。

（一）初中生违反设施使用安全的成因分析[①]

1. 学生生理上的不成熟、心理上的稚嫩

初中生还处于长身体的关键时期，不管生理上还是心理上都不能很自如地使用一些设施。但是他们又充满了好奇，忍不住想要接触这些设施，总想着实验一下这些东西怎么使用。因此，危险总会在不经意间出现。

面对突发状况又没有应对的能力，心理上的恐惧只会让学生们更加慌乱，事情只会朝着更危险的方向发展，因此，对初中生使用设施的安全教育至关重要。

2. 学生对使用设施注意事项的不了解

随着社会科学技术的发展，越来越多的设施出现在学生面前，并且功能越来越全，使用说明也越来越复杂。初中生在使用社会设施的时候，如

① 翁春兰. 初中生心理健康现状［D］. 苏州：苏州大学，2008.

果没有家长与老师的陪同，则很容易出现问题。

学生的盲目动手，是设施使用危险出现的一项重要原因。只有把使用说明学明白，注意事项认真读懂，在成年人的陪同下，才能避免危险的发生。

3. 学生的安全意识较差

初中生相对于成年人来说，还可能意识不到设施使用安全的重要性。对于有危险性的设施，表现出满不在乎的想法，没有这方面的安全意识。并且处于初中的学生常常不愿意听从家长和教师的教导，越是要求他们注意的事情，越会引起他们的反感，造成学生的安全意识较差是一种普遍现象。

（二）预防初中生违反设施使用安全的措施

设施使用的管理和使用不当，都可能造成安全事故，所以学生要采取针对性的预防措施，以保障学生安全。

1. 学生要加强安全知识的学习

安全教育知识的学习，是学生预防违反设施使用安全的第一步。只有学习了安全教育知识，才能最大限度地避免危险的出现。本节课只着重解释了用火、用电、用煤气的安全知识。

其他设施的安全使用知识也要适当涉猎，可以通过教师讲解、家长的经验传授、专业人员的讲授来学习，然后还要在学习生活中实践，才能更好地保护自己，保护身边的人。

2. 学生要了解设施使用的基础知识

每项设施的使用都有其独特的地方，因此要让学生先学会如何使用。初中生已经能很好地理解一些复杂的知识，动手能力已经增强。学生要通过老师或者家长讲解说明书来学会如何使用设施。

对于学生坚决不能碰的设施，也要有一定的了解。有些设施是在家长陪同下才能使用的，有些是坚决不能碰的。设施使用的基础知识，是学生认识设施、使用设施的基础。所以，对此必须予以高度重视。

3. 学生要增强设施使用的安全意识

“防患于未然”是一条至理名言，在设施使用危险还没有发生的时候，就要有意识地加以防范。当碰到一个没有见过或者不熟悉的设施时，一定要考虑它的危险性。不能想当然地就去触碰，避免造成人身和财产的损害。

当然如果是紧急情况，在已经学会使用的情况下，就要立即利用身边的设施。这就要求学生多多学习安全教育知识和设施使用基础知识。

二、教学设计

【例1】

防火安全

（一）教学目标

（1）通过对火灾事件的了解提高学生的防火意识。

（2）认识各种灭火设备，牢记灭火方法。

（3）培养学生防火的安全意识。

（二）教学课时

1课时

（三）教学准备

（1）教师准备关于火灾的图片，并且做成幻灯片。

（2）教师准备关于火灾的案例资料，引导学生理解。

（3）准备介绍灭火器的图片，并做成幻灯片。

（四）教学过程

1. 火灾事件介绍

方法：运用幻灯片展示各种火灾现场图片，要求学生谈观后感受。

教师总结：“生命如此美丽，又是如此脆弱，爱惜生命提高防火意识”。

2. 认识灭火设备

方法：通过观看幻灯片了解家用灭火器的种类和使用方法。

（1）分清灭火器上的标志；

（2）了解灭火器分类：清水灭火器、泡沫灭火器、干粉灭火器、“1211”灭火器、二氧化碳灭火器。

3. 灭火的基本方法

一般说来，起火必须具备三个条件，即可燃物、助燃物（主要指含氧气的空气、氧化剂等）和点燃源，并且三者要相互作用。灭火就是根据起火物质燃烧的状态和方式，采取一定措施以破坏燃烧必须具备的基本条件，从而使燃烧停止。灭火的基本方法有以下4种：

（1）冷却灭火法。将灭火剂直接喷洒在可燃物上，使可燃物的温度降到燃点以下，从而使燃烧停止。用水扑救火灾，其主要的作用就是冷却灭火。除忌水物质外，一般物质起火，都可以用水来冷却灭火。火场上，除用冷却法直接灭火外，还经常使用水冷却尚未燃烧的可燃物，防止其达到燃点而着火；还可用水冷却建筑构件、生产装置或容器等，以防止其受热变形或爆炸。

（2）隔离灭火法。将燃烧物与附近可燃物隔离或者疏散开，从而使燃烧物停止。采取隔离法灭火的具体措施有很多，如将火源附近的易燃易爆物质转移到安全地点；关闭设备或管道上的阀门，阻止可燃气体、液体流入燃烧区；排除生产装置、容器内的可燃气体、液体；阻拦疏散易燃可燃或扩散的可燃气体；拆除与货源毗邻的易燃建筑结构，造成阻止火势蔓延的空间地带等。

（3）息灭火法。采取适当措施，阻止空气进入燃烧区，或用惰性气体稀释空气中的氧含量，使燃烧物缺乏或断绝氧气而熄灭。这种方法特别适用于扑救封闭式的空间、生产设备装置及容器内的装置。火场上用窒息法灭火时，可采用湿麻袋、湿棉被、沙土、泡沫等不燃或难燃材料覆盖燃烧物或封闭孔洞；用水蒸气、惰性气体（如二氧化碳、氮气等）冲入燃烧区域；利用建筑物上原有的门窗以及生产储运设备上的部件来封闭燃烧区，阻止新鲜空气进入。此外，在无法采取其他补救方法而条件又允许的情况下，可采用水淹没（灌注）的方法进行补救。

（4）抑制灭火法。将化学灭火剂喷入燃烧区参与燃烧反应，中止链反应而使燃烧反应停止。采用这种方法可使用的灭火剂有干粉和“1211”“1301”等卤代烷灭火剂。灭火时，一定要将足够数量的灭火剂准确地喷射在燃烧区内，使灭火剂参与和阻断燃烧反应，否则将起不到阻止燃烧的作用，同时还应采取必要的冷却降温措施，以防复燃。

在火场上采取哪种灭火方法，应根据燃烧物质的性质、燃烧的特点和地点的具体情况以及灭火器材装备的性能进行选择。

4. 课外拓展

火灾逃生自救九大要诀[①]

第一要诀：不入险地，不贪财物。生命是最重要的，不要因为害羞及顾及贵重物品，而把宝贵的逃生时间浪费在穿衣或寻找、拿走贵重物品上。

第二要诀：简易防护，不可缺少。家中、公司、酒家应备有防烟面罩，最简易的方法也可用毛巾、口罩蒙鼻，用水浇身，匍匐前进。因为烟气较空气轻而飘于上部，贴近地面逃离是避免烟气吸入的最佳方法。

第三要诀：缓降逃生，滑绳自救。千万不要盲目跳楼，可利用疏散楼梯、阳台、落水管等逃生自救。也可用身边的绳索、床单、窗帘、衣服自制简易救生绳，并用水打湿，紧拴在窗框、暖气管、铁栏杆等固定物上，用毛巾、布条等保护手心、顺绳滑下，或下到未着火的楼层脱离险境。

第四要诀：当机立断，快速撤离。受到火势威胁时，要当机立断，披上浸湿的衣物、被褥等向安全出口方向冲出去，千万不要盲目地跟从人流相互拥挤、乱冲乱撞。撤离时，要注意朝明亮处或外面空旷的地方跑。当火势不大时，要尽量往楼层下面跑，若通道被烟火封阻，则应背向烟火方向离开，逃到天台、阳台处。

第五要诀：善用通道，莫入电梯。遇火灾不可乘坐电梯或扶梯，要向安全出口方向逃生。

第六要诀：大火袭来，固守待援。大火袭来，假如用手摸到房门已感发烫，此时开门，火焰和浓烟将扑来，这时，可采取关紧门窗，用湿毛巾、湿布塞堵门缝，或用水浸湿棉被，蒙上门窗，防止烟火渗入，等待救援人员到来。

第七要诀：火已烧身，切勿惊跑。身上着火，千万不要奔跑，可就地打滚或用厚重的衣物压灭火苗。

第八要诀：发出信号，寻求救援。若所有逃生线路被大火封锁，要立即退回室内，用打手电筒、挥舞衣物、呼叫等方式向外发送求救信号，引

---

① 灭火口诀. [DB/OL]. http://wenku.baidu.com/link?url=_U8M0Y3L0wNeOehF8-aN-gEnfqxLf8mZcc.

起救援人员的注意。

第九要诀：熟悉环境，暗记出口。无论是居家，还是到酒店、商场、歌厅时，务必留心疏散通道、安全出口及楼梯方位等，当大火燃起、浓烟密布时，便可以摸清道路，尽快逃离现场。

【简要评析】

学习防火安全的基本知识，是初中生首先应当掌握的设施使用知识，特别是灭火的方法需要重点讲解，让学生充分理解。本节课由浅入深，能使学生逐步掌握防火安全知识。教学设计非常巧妙，结合教材特点、学生、教师实际一法为主，多法配合，优化组合，提供了学生喜闻乐见的资料。课外拓展紧扣重点，并注意在“趣”字上下功夫。火灾逃生自救九大要诀的学习是本课的亮点，学生能很快地掌握火灾自救方法，同时学习起来轻松自如。

【例2】

用电安全与安全使用煤气

（一）教学目标

（1）通过学习日常用电及使用煤气安全知识。

（2）在学习过程中，深刻理解教授的新知识。

（3）使学生树立安全观念，形成自护、自救的意识，使学生安全、健康成长。

（二）教学时数

1课时

（三）教学准备

（1）要求学生对用电安全知识进行查阅，并且进行深入解读。

（2）教师准备关于用电安全方面的资料。

（四）教学过程

1. 谈话引入

同学们生活在幸福、温暖的家庭里，受到父母和家人的关心、爱护，似乎并不存在什么危险。但是，日常生活中仍然有许多事情需要加倍注意和小心对待，否则很容易发生危险，酿成事故。下面就谈谈日常生活中在用电和煤气方面应注意哪些事项。

2. 教授新内容

(1) 用电安全。以问题切入新知识，教师提问：在日常生活中，有没有哪位同学与电有过“亲密接触”。

出示课件——让我们见识一下电的威力。图中的小朋友在做什么？可能出现什么情况（图片中的小朋友在用湿手摸插座）。

(2) 小组讨论。我们应该怎样远离用电危害？

学生汇报……

出示课件——用电注意事项。

①对学生进行安全用电教育，不能接近、触摸电源和电器。

②不要用湿手、湿布触摸、擦拭电器外壳，更不能在电线上晾衣服或悬挂物体，或将电线直挂在铁钉上。

③发现绝缘层损坏的电线、灯头、开头、插座要及时报告，请电工检修，切勿乱动，电工对消除以上安全隐患要及时。

④学生不得在配电房、变压器周围逗留，更不能攀爬变压器，不得把其他物体抛向变压器及配电房内，不得乱动电气设备。

⑤万一遇有电气设施引起的火灾，要迅速切断电源，然后再灭火。

⑥发现有人触电时，要先使触电者尽快脱离电源，再采取其他抢救措施。

⑦学校每学期要对所有电气设备进行一次全面检修。

(3) 安全使用煤气。教授完用电安全，教师提问：家里面的厨房除了使用电，还会用到什么燃料？进而提到煤气的使用安全问题。

①燃气器具在工作时，人不能长时间离开，以防被风吹灭或被锅中溢出的水浇灭，造成煤气大量泄漏而发生火灾。

②使用燃气器具（如煤气炉、燃气热水器等），应充分保证室内的通风，保持足够的氧气，防止煤气中毒。

3. 总结反馈

这节课，你学会了什么？与大家共同分享吧。

【简要评析】

用电安全在学生的生活中随处可见，使用煤气做饭的学生也很多。因此这方面的知识十分重要。通过本节课的讲解，引起学生和家长的重视。这节课结构层次清晰、运用恰当的教学方法和手段启迪学生思维、解决重点、突出难点，精心设计练习，并在整个教学过程中注重学生能力的培养。这节课针对学生基础和学生发展性目标，设计学生教学活动，引导学生自主学习，有条理地将旧知识综合进行运用。最后的总结反思与分享，让学生之间互相了解了对方的想法，大家互相讲述，进一步加深记忆。

【例3】

触电的急救原则

（一）教学目标

（1）通过对本节课的学习，学会对触电人员进行急救。

（2）避免遇见特殊情况手忙脚乱，不会进行急救，使情况变得越来越糟。

（3）让学生在情感态度与价值观上理解触电的危害性以及急救的必要性。

（二）教学课时

1课时

（三）教学准备

（1）教师制作关于触电进行急救的幻灯片，学生准备关于触电急救方面的资料。

（2）学生自行查阅关于触电急救的知识。

（四）教学过程

1. 故事导入

教师讲述一个学生触电后，因急救不及时导致学生死亡的案例。

案例：学生芳芳在父母外出的情况下，与妹妹独自在家。芳芳在洗衣服的过程中不小心用湿着的手触碰了插座，突然被电昏倒。妹妹不知道如何是好，等父母回来之后发现芳芳已经没有了呼吸。

学生谈谈听后感受。

2. 教授新内容

问题切入新知识：如果发现有人触电，大家应该怎么进行急救呢？

教师总结：同学们说的话有一定道理，现在我们就具体学习一下，展示幻灯片。

（1）发现有人触电后，应立即切断电源，拉下电闸，或用不导电的竹竿、木棍将导电体与触电者分开，在未切断电源或触电者未脱离电源时，切不可触摸触电者。

(2) 对呼吸和心跳停止者，应立即进行口对口的人工呼吸和心脏胸外挤压，直至呼吸和心跳恢复为止。

(3) 在就地抢救的同时，尽快呼叫医务人员或拨打“120”急救电话求援。

3. 实践演练

找两个同学进行现场演练，其他同学指出他们做得好的地方以及不足。

【简要评析】

触电发生后，能进行基本的急救，是学生保证性命、减少伤害的主要途径。因此，学生要认真学习这方面的知识。本节课的设计综合了理论与实践相结合，能很好地锻炼学生这方面的能力。本节课很有特色，通过让学生亲自体验、实践、感悟，收集、整理、筛选资料，突出了以学生为主导的教学要求，体现了以人为本、以学生发展为本的教育理念。本节课努力开发和利用课程资源，拓展学生的学习空间。从问题走向生活，让学生带着自己的知识、经验、思考、灵感、兴致参与课堂活动，汲取学生亲身生活经验，为学生的学习赋予真情实感，使他们的情操得到真正陶冶。

三、教学素材

相关案例

2004 年 10 月 2 日晚 8 时 25 分许，某初中一学生公寓 301 宿舍发生一起火灾事故，致使配置给该宿舍使用的箱子架、物品柜等设施因火灾被损，另有价值 5 000 余元的学生个人财物被烧毁。经查，这起火灾事故是有同学违反学生公寓管理制度在宿舍内私自使用大功率电器而造成的（宿舍当时无人）。具体原因是：插在主接线板的电热杯放在箱子架顶层，水烧干后自燃，并引燃邻近的易燃品，如箱子架上所放的书籍、衣物、被子等，最终酿成火灾事故。

2002 年 1 月 4 日晚 9 时许，某初中一公寓 523 宿舍发生一起火灾事故，致使配置给该宿舍使用的长条桌、物品柜等设施因火灾被损，另有价值4 000余元的学生个人财物被烧毁。经查，这起火灾事故是由于该宿舍两名同学将应急灯长时间充电（13 小时，宿舍当时无人），使蓄电池过热，引燃桌下纸箱内的易燃物而造成火灾。

2001 年 11 月 3 日下午，某初中一学生公寓 504 宿舍发生一起火灾事故，致使配置给该宿舍使用的照明、床板、物品柜等设施因火灾被损，另有价值 10 000 余元的学生个人财物被烧毁。该公寓住的全是女生，火灾发生时该宿舍无人。经查，这起火灾事故是文学院 2001 级两名女学生违反学生公寓管理制度，将烧水的“热得快”插在暖壶里烧水，人走时忘断电源以致酿成火灾。

2004 年，寒假刚开学不久，某初中的两名女生违反学生公寓管理规定，擅自在宿舍用酒精炉做饭，在添加酒精时发生意外燃爆，导致同宿舍的另一名同学烧成重伤，医疗费高达两万余元。这起事故给自己和他人的精神和身体造成很大的痛苦。

四、知识链接

美国初中学生的火灾应急教育①

地震、火灾、暴风雪……这些突发事件总是带给我们意想不到的灾难。如何在灾难发生时顺利逃生，将灾难带给我们的损失与伤害降到最低，是人类永远的课题。

火灾是怎样引起的？如何避免火灾？一旦家里发生火灾，应该怎样逃离火灾现场，又该怎样避免浓烟带给人们的伤害以及如何寻求帮助？如果学生曾经有过这样的训练，也许当火灾降临的时候，一切都会完全不同。

火灾应急训练

（1）明白火柴和打火机等物品不是玩具，不能玩火。

① 田卫. 美国中小学安全教育的特点及启示［J］. 现代中小学教育，2013－12.

（2）明白生火需要三个必要条件：可燃物、空气和热量。

（3）当火灾发生时，明白什么时候做“停”“卧”“滚”三个动作。

（4）学会辨识卧室的安全出口。

火灾应急训练需要的辅助用具

（1）一只装有火柴、打火机等用品的袋子。

（2）火灾警戒标示牌。

（3）安全出口标示牌。

（4）烟雾标示牌。

（5）带电池的烟雾探测器。

（6）生火演示装置。

（7）呼叫“911”标示牌。

认识生火条件

将酒精炉或者其他生火装置放置在桌面或者地面上，向学生解释生火的三个条件，即可燃物、空气和热量。然后向学生逐一解释：酒精是可燃物（尽可能多地向学生列举各种可燃物如木头、汽油、被子……），酒精炉周围空阔的空间里是大量的空气，点火装置则是热量的来源。将炉子点燃，然后拿起盖子准备去盖住火苗，并询问学生：“如果我拿盖子盖住火苗，什么东西被拿走了?”也许学生们回答不出来，直接告诉他们答案：“空气。”接着询问学生：“如果我把空气拿走会发生什么情况呢?”演示一下，用盖子盖住火苗，炉火熄灭了。通过这样的演示，让学生明白，生火需要哪些条件，什么情况下火会熄灭。

了解烟火探测器的用途

将烟火探测器拿起来，问学生是否认识此物，家里是否有这样的物品。打开烟火探测器的按钮，用烟熏烟火探测器，烟火探测器的报警声响起，以这样的方式向学生演示烟火探测器的作用，然后询问学生是否明白这种报警声的含义。

接着询问学生，家里的烟火探测器安放在什么位置，为什么要安放在高处，如天花板上？在这些问题引起学生的兴趣之后，告诉学生以下知识点：烟火探测器就像一个嗅觉灵敏的鼻子，一旦发现有烟火，它就会及时嗅到烟火的味道，并立刻报警，告诉可能某处有火灾发生。让学生熟悉这种报警声，以便听到这种报警声时能及时做出反应。将烟火探测器打开，让学生观察里面的电池，然后安装好，演示给学生，怎样检测烟火探测器是否工作正常。交给学生一项任务，让他经常提醒父母检查家里的烟火探测器是否正常工作。

火灾发生后逃生注意事项

1. 寻找合适的安全出口

睡觉时一定记得把房门关上，一旦夜间听到火警，先不要急着打开房门，要先用手触摸一下房门，如果发现房门发热，千万不要打开房门，而应尽快从另外的出口（比如窗户）退出。如果没有能力从窗户安全退出，可以尝试将毛毯或者被子或者其他比较明显的物品放到窗户上，给消防人员一个信号，方便他们营救。在做好这些事情后，一定记得不要在房间里乱跑，而要待在窗户旁等候营救人员到来，这样会比较安全。

2. 着火后怎样躲避烟雾

着火后产生的烟雾有毒，非常危险，因此，一旦家里着火，不要到处乱跑，因为烟雾会往上走，并且很快充满整个房间，因此一旦发现着火，烟雾扩散，就要尽快趴在地面上爬行到没有烟雾的安全出口，逃离火灾现场，或者躲到比较安全的位置。

3. 确定一个安全的会合地点

父母可以召开一个家庭会议，和学生一道商量一个安全的遇到紧急情况时会合的地点，如大街上的某棵树，邻居家前门廊，或者在家附近的其他安全地带。一旦家里发生火灾，尽快逃到约定的安全地点，千万不要再跑回家拿取任何物品。

4. 拨打火警电话

给学生展示火警电话“911”，并向学生讲解，一旦逃离火灾现场，一般情况下，父母会及时拨打“911”，寻求消防人员的帮助。当只有学生一个人在家时，他就需要承担拨打火警电话的责任了。特别提醒学生不要回家拨打电话，而要尽快跑到邻居家，借用邻居的电话或者请求邻居帮助拨打“911”火警电话。给学生一部电话，让他练习怎么样拨打“911”，并且告诉学生在拨通电话之后一定记得在对方没有要求挂机之前一定不要先挂电话，直到对方问完所有问题，并且道了“再见”才可以挂断电话。

第三课　校园活动要平安

一、教学内容

学校作为突发公共安全事件的频繁发生地之一，其受伤害群体是正在生长发育中的青少年儿童，一旦突发公共安全事件，社会影响重大。因此，如何预防与控制学校公共安全事件的突发，将是学校管理工作的重要任务，对保障广大儿童青少年的生命安全与健康都具有重要意义。根据《2005年全国教育事业发展统计公报》显示，我国目前共有中小学46.0218万所，在校生多达21109.96万名，有关学校安全的问题就非常敏感，牵动着千家万户。

2006年9月1日，新修订的《中华人民共和国义务教育法》（以下简称《义务教育法》）正式颁布实施，对学校周边秩序、学校选址、校舍安全检查、工作人员的聘任等方面做了专门规定，明确了出现相应中小学安全事故的法律责任。《义务教育法》还要求学校建立、健全安全制度和安全应急机制，对学生开展安全教育，加强安全管理，及时消除安全隐患，预防事故发生。同时实施的《中小学幼儿园安全管理办法》，进一步细化了《义务教育法》对学校安全管理、学生安全教育的规定，明确了学校安全管理原则和方针、校内安全管理制度与管理要求、学校对学生进行安全教育的职责。

（一）可能引发校园活动事故的原因[①]

1. 学生不遵守活动纪律擅自活动

一般学校都会把学习作为学生生活的中心，校园活动就变成了学生最

---

① 王燕. 初中生心理弹性的特点及干预研究［J］. 重庆师范大学，2013－04－01.

喜欢参与的事项之一。因此，学生对校园活动的积极性很高，比起沉闷的学习，更能引起学生的兴趣。

但有些学生的自律性较差，不愿意听从教师的指挥。只愿意随自己的意愿而行动，擅自活动或者离开场地。当意外发生时，往往后悔莫及。

2. 学生爱玩儿、好奇心强的心理特点

初中生虽然能比小学生懂的知识多，但是爱玩、好动的天性还没有改变太多。特别是遇到自己喜欢的活动，更是头脑一热，容易犯错误。很多学生还有爱起哄的特点，在人群中如果有一个起哄的，其他学生很容易跟随。踩踏事件就不可避免地发生了，往往危险发生就在一瞬间。

学生的好奇心既是他们的优点，也是缺点。对于培养学生的创造力至关重要，但是，对于危险事情的好奇心，则变成了灾难的导火线。

3. 学生的危机意识较差

成年人在有了一定的人生经验以后，遇到危险的情况，会产生危机意识，面对危险就会很自然地保护自己。而初中生在面对一些危险情况时，不会意识到事情的严重性，有着“初生牛犊不怕虎”的倔强，不会保护自己。

在没有教师看管的情况下，经常擅自行动，脱离队伍。面对危险而不自知，因此，学生的危机意识也是校园活动出现问题的一个主要原因。

（二）防范校园活动事故发生的措施①

1. 学生要遵守活动纪律

每次校园活动，学校和教师都是做了充分的活动准备的。因此，在活动中认真听从教师的指挥，就能最大限度地避免灾难的发生。即使是不可避免的危险出现了，教师也会最快地做出反应，帮助学生们脱困。

学生的积极配合是摆脱危险的保障，在活动开始时要遵守纪律，在危险发生时更要遵守。不能因为某个人的擅自行动，而制造更大的伤害。

---

① 校园活动事故的发生与防范. [DB/OL]. http://zhidao. baidu. com/link? url = Nyzdr5JLK6x.

2. 学习关于校园活动的安全知识

校园活动是学生们学习放松的机会，也是学生们陶冶情操的机会，更是学生们社会实践的机会。但是，也不能忘记学习安全知识。校园活动安全知识的学习，更注重细节的教育，学生们应认真体会，在生活中应加以运用。

3. 学生的危机意识有待提高

学生要学会保护自己，就要意识到什么是危险的，不去触碰危险，就是对自己最大的保护。而学生往往没有这方面的经验，就要在生活中去体验和感受，在家长和教师的指导下去学习。

面对拥挤的人群知道如何应对，看见学校的施工现场知道绕道而行，出去游玩儿知道什么东西是不能吃的。这些最基本的常识就是救命的基石，也是危机意识的体现，必须引起学生们的高度重视。

二、教学设计

【例1】

校园踩踏事件

（一）教学目标

（1）了解踩踏事故极易发生的场所和原因。

（2）使学生认识到踩踏事故的严重性。

（3）了解如何预防踩踏事故的发生。

（二）教学课时

1课时

（三）教学方法

互动讨论法、教授案例法、分组演练法。

（四）教学过程

1. 课前提问

（1）同学们，这个星期我们学校将进行一次宿舍消防紧急疏散演练，你们知道在疏散演练中应该注意一些什么问题吗？

（2）你们知道在什么场所或在什么时候容易发生踩踏事故吗？

（3）你们知不知道踩踏事故的后果有多严重？

（4）那么我们应该怎样预防踩踏事故的发生呢？

2. 讲授新课

（1）案例导入。

2006年11月27日下午放学时，因雨天路滑、人多混乱，河南省伊川县某学校北教学楼发生学生踩踏事故，造成6名学生创伤性窒息。

2006年12月23日，河北省邯郸市某县第一实验学校上午放学时，位于三楼的小学三年级学生蜂拥而出。当回家心切的学生涌向楼梯口时，惨剧发生了，一名9岁女生不慎绊倒，被随后拥挤而下的同学压倒在地，当被闻讯赶来的老师救起时已不省人事。另有两名学生眼和脸部不同程度受伤。

2007年11月18日晚，江西省都昌县土塘镇中学发生一起学生拥挤踩踏事件，导致6名学生死亡，39名学生受伤。

（2）教师讲解点评。

①同学们都说得很对，在人员集中的地方就很容易发生踩踏事故，如举行大型集体活动的时候，在超市里购物的高峰期，在学校里，在酒吧里，在发生火灾、地震或者突然发生什么意外的时候，由于人们在很短的时间内同时向某个方向移动、拥挤，就容易发生踩踏事故，从而造成大量伤亡。

②通过上面的几个例子，同学们知道了踩踏事故的严重性，事故一旦发生，往往是大规模的、恶性的，所造成的影响也是巨大的。所以我们应该深刻地反思一下，要时刻保持清醒的头脑。在日常生活中，我们应该如何去预防和防止踩踏事故的发生呢？

◎举止文明，人多的时候不拥挤、不起哄、不制造紧张或恐慌气氛。

◎尽量避免到拥挤的人群中，不得已时，尽量走在人流的边缘。

◎发觉拥挤的人群向自己行走的方向来时，应立即避到一旁，不要慌乱，不要奔跑，避免摔倒。

◎顺着人流走，切不可逆着人流前进，否则，很容易被人流推倒。

◎假如陷入拥挤的人流时，一定要先站稳，身体不要倾斜失去重心，即使鞋子被踩掉，也不要弯腰捡鞋子或系鞋带。有可能的话，可先尽快抓住坚固可靠的东西慢慢走动或停住，待人群过去后再迅速离开现场。

◎若自己不幸被人群拥倒后，要设法靠近墙角，身体蜷成球状，双手在颈后紧扣以保护身体最脆弱的部位。

◎在人群中走动，遇到台阶或楼梯时，尽量抓住扶手，防止摔倒。

◎在拥挤的人群中，要时刻保持警惕，当发现有人情绪不对，或人群开始骚动时，就要做好保护自己和他人的准备。

◎在人群骚动时，脚下要多注意，千万不能被绊倒，避免自己成为拥挤踩踏事件的诱发因素。

◎当发现自己前面有人突然摔倒了，要马上停下脚步，同时大声呼救，告知后面的人不要向前靠近。

3. 实践训练

分两个组做 5 分钟的示范演练，然后同学们自己找出存在问题和不足的地方。

4. 作业

每个同学回去以后，写一篇简短的有关这节课的心得体会，并向你 5 个以上的亲戚朋友讲述这节课你所学到的几点预防踩踏事故发生应注意的常识。

【简要评析】

本节课很有艺术，在教材内容的基础上做了适当必要的扩展，精心安排学生自主学习、操作实践等活动以启发式、讨论式为主。学生在完成任务的过程中学会合作，以预防踩踏事件为教学重点，运用恰当的教学方法和手段启迪学生思维、解决重点、突出难点。通过这节课的学习，同学们了解了踩踏事故的危害和如何预防踩踏事故发生的一些基本常识。那么，在学校准备进行的宿舍消防紧急疏散演练中，在以后的生活中，大家就要在自己头脑中牢固地树立起一种安全防范的意识，防止踩踏事故的发生，这样才能让自己和他人的人生能够过得平安、快乐！

【例2】

学校房屋、围墙倒塌等建筑物安全事故

(一) 教学目标

(1) 让学生了解房屋、围墙倒塌给人们带来的危害，学会处理紧急情况。

(2) 让学生在平时生活中注意防范这方面的危害，避免灾难的发生。

(3) 深刻体会房屋、围墙倒塌等建筑物安全事故在生活中的危害性。

(二) 教学课时

1课时

(三) 教学准备

(1) 教师制作这方面的幻灯片，在导入课程的时候使用。

(2) 教师设计引导性问题，帮助学生主动学习、积极思考。

(四) 教学过程

1. 问题导入

随着城市房屋拆迁、学校建筑物整改等频繁发生，学生在上学路上以及上学期间避免不了面对房屋、围墙倒塌等问题。利用制作好的幻灯片导入课程，同时向学生们提问："如果遇到房屋、围墙倒塌我们应该怎么做?"

2. 真实再现

老师收集了一些关于学校房屋、围墙倒塌的资料，播放课件，展示丰富的文字和图片资料，通过这些案例，询问学生的感受和体会。

3. 学习新知识

下面由教师向同学们讲述面对这些情况应该如何应对。

(1) 每当看见建筑施工时，同学们一定要尽量远离危险区，不在危险区域游玩儿。

(2) 如果突发事件发生，同学们应注意以下几点。

①在上课时，要在教师指挥下迅速抱头、闭眼，躲在各自的课桌下。

②在操场或室外时，可原地不动蹲下，双手保护头部，注意避开高大建筑物或危险物。

③不要回到教室去。

④应当有组织地撤离。

⑤千万不要跳楼，不要站在窗外，不要到阳台上去。

⑥必要时应在室外上课。

4. 回顾总结

引导学生交流学习本课后的感想和收获。

【简要评析】

本课教学环节清晰、完整具体，能活化教学内容，使之生活化。课堂教学的开放性、师生关系的民主性、教学模式的多样性，培养学生良好的学习品质，体现出教师的教学能力非常强。师生平等关系的体现，使得教师成为学生学习的帮助者和学习的伙伴。让学生真正感到平等和亲切，民主和谐的课堂氛围逐步形成。通过这节课的学习，同学们了解了房屋、围墙倒塌等建筑物安全事故发生的一些基本常识，在以后的生活中，大家就要在自己头脑中牢固地树立起一种安全防范的意识，防止在房屋、围墙倒塌等建筑物安全事故乱了阵脚。

【例3】

学校食物中毒事件

（一）教学目标

（1）让学生了解公共卫生类校园突发公共事件给大家带来的危害，学会处理紧急情况。

（2）让学生在平时生活中注意这方面的危害，避免食物中毒情况的出现。

（3）深刻体会食物中毒事件在生活中的危害性。

（二）教学课时

1课时

（三）教学准备

（1）教师制作这方面的幻灯片，在导入课程的时候使用。

（2）教师设计引导性问题，帮助学生主动学习，积极思考。

（3）学生查阅关于这方面事件的资料，初步了解情况。

（四）教学过程

1. 问题导入

教师利用制作好的幻灯片导入课程，同时向学生们提问：“在现实生活中哪些东西是不能随便吃的?”

2. 真实再现

陈述一下因食品卫生而出现问题的案例，通过案例学习让学生了解食物中毒的危害性。

案例：

2014 年 11 月 3 日，有网友向中国江西网《问政江西》栏目发帖爆料称，贵溪市天禄镇某中学于 10 月 28 日发生一起学生疑似食物中毒事件。据帖中介绍，10 多名小学生食用了学校内小摊点的食品后产生中毒现象，当日下午已有 4 人送医治疗。

3 日上午，记者联系上贵溪市教育局对此事进行求证，一工作人员表示，实际情况并非如网友所传的那样，但具体细节不太清楚。

随后，贵溪市网宣办向本网通报称，10 月 28 日，3 名学生在一位老师家搭伙食，由于食用了第一天剩下的咸鱼，次日 3 名学生出现腹泻等身体不适症状。学校负责人随即将 3 名学生送到附近医院就诊，现均已出院。

3. 教授新内容①

通过学生的回答，发现同学们对食品卫生还是比较重视的。但是大家对此问题的了解还不够系统，下面由老师讲解如何预防食物中毒。

（1）养成良好的卫生习惯，勤洗手特别是饭前便后，用除菌香皂、洗手液洗手。

（2）不吃生、冷、不清洁的食物。

（3）不吃变质剩饭菜。

（4）少吃、不吃冷饮，少吃、不吃零食。

（5）不要长期吃辛辣食品。

（6）不要随便吃野果，吃水果后不要急于喝饮料特别是水。

（7）剧烈运动后不要急于吃食品或喝水。

（8）不到无证摊点购买油炸、烟熏食品，尽可能在学校食堂就餐。千

① 食物中毒的防范. [DB/OL]. http://zhidao.baidu.com/link? url.

万不要去无照经营摊点饭店购买食品或者就餐。

(9) 不喝生水，建议喝标准的纯净水。从家里所带腌制品在校不能超过两天。

(10) 谨慎选购包装食品，认真查看包装标志、厂家厂址、电话、生产日期是否标示清楚、合格。

4. 拓展延伸

食物中毒已经发生，学生该做些什么。

(1) 立即停止食用有毒食物或水，并在第一时间报告给教师与学校。

(2) 未中毒学生协助教师立即将发病学生送往医院。

(3) 保留造成食物中毒或者可能导致食物中毒的食品，待确认后交付卫生部门处理。

(4) 配合卫生部门分析引起食物中毒的原因，总结经验教训，提出整改意见，杜绝类似事件再次发生。

5. 布置作业

为了巩固我们今天的活动成果，请同学们在课后自由组合，发挥各自的特长，以今天活动课上获取的知识为主要内容，出一张安全小报。

【简要评析】

本节课对教学内容把握透彻、挖掘深入、处理新颖，在课堂教学中，对重点把握言简意赅。仅仅把握住预防食物中毒这一知识点，围绕知识点进行教学设计。通过这节课的学习，同学们了解了公共卫生类校园突发公共事件的一些基本常识。在以后的学校生活中，大家就要在自己头脑中牢固地树立起一种安全防范的意识，拒绝食用一切有害身体健康的食物，这样才能预防危害的出现。最后布置作业，让学生动脑与动手相结合，进一步锻炼了学生的实践能力。

三、教学素材

踩踏事件

2005年6月，湖南省某学校初二（1）班上体育课的学生下午4点半左右下课时回教室，和上完电脑课下楼的高年级学生在楼梯上发生拥挤，一些学生被挤倒，造成10余名学生不同程度受伤。

2005年10月14日，四川省营山一小学因天气原因，楼梯湿滑发生拥挤踩踏，造成9名学生受伤，2人重伤。

2005年10月16日上午，新疆生产建设兵团农一师某中学附属学生在下楼参加升国旗活动时，因为楼梯护栏坍塌，发生拥挤踩踏事故，造成一名学生死亡，12名学生受伤。

2005年10月24日上午，湖南省娄底市第四中学学生在楼梯间拥挤踩踏，10人受伤。

2006年11月18日晚，江西省都昌县土塘中学初一年级学生在上完晚自习下楼时，因拥挤踩踏造成人员伤亡（据说是因有一名学生系鞋带）。有6人在送往医院抢救途中死亡，39名学生因受惊吓及受伤被送往医院治疗观察，伤势较重的11名学生在九江市第一人民医院接受救治。

2006年11月17日上午，陕西省咸阳市渭城区第二初级中学近百名学生在下楼梯时发生拥挤踩踏事故，12名学生被踩伤。据了解，该中学每周一早上都会组织全校师生开会。清晨7时许，近百名学生都着急地从一幢三层高的教学楼拥向操场集合。该楼的东西两边原本各有一个楼梯通道，但当天早上有一个楼梯通道门被锁上了，所有学生只能挤到剩余的一个楼梯口。由于人太多，学生们互相拥挤，一些学生被推倒，接着便发生了踩踏事故。

食物中毒事件

湖南省学校集体食物中毒人数5年高达3 722人。据湖南省食物中毒报告统计，2000年10月1日到2005年9月30日，全省共接到学校集体食物中毒报告61起，中毒人数3 722人，中毒死亡2人。

学校食堂发生食物中毒53起，占学校集体食物中毒的86.9%，中毒人数3 587人。61起学校集体食物中毒中，化学性食物中毒29起（其中人为投毒12起，蔬菜残留农药中毒9起），细菌性食物中毒23起，生物性食物中毒6起，不明原因食物中毒3起。

四、知识链接

对中学生进行安全教育的重要性[①]

1. 普及九年义务教育的需要和提高民族素质的需要

《义务教育法》规定："义务教育是依照法律规定，适龄少年儿童必须接受的，国家、社会、学校、家庭必须予以保证的国民教育。"凡已入学的适龄儿童、少年，必须按照当地学制的规定，学习到毕业，而不能中途辍学。只有做好学生的安全教育工作，才能使一些学生不中途辍学，保证九年义务教育制度的实施，从而提高我国的民族素质。

2. 开展素质教育的需要

社会发展到今天，从现代教育理论的角度要求我们必须由"应试教育"向"素质教育"转变，因为教育本身是为了培养学生优良的、全面的素质，而不是单纯地灌输科学文化知识。开展安全教育，可以提高中学生的素质，为中学生的健康成长和全面发展创造良好的外部环境和文化氛围。中学生一方面要自我约束，遵纪守法；另一方面，其学习和生活又要有必要的外部条件和稳定的治安秩序作为保障，而中学生安全教育恰恰在这两方面得到了全面体现。

3. 正确引导特殊中学生的需要

现在的中学生，绝大多数与生俱来就有优越感，攀比之风日盛。当愿望不能实现时，少数自我约束能力差的学生便动起了歪脑筋，把手伸向了周围的同学。造成许多学生宿舍内盗窃事件时有发生，有许多学生的钱物也被抢劫。有些女生为了钱，结交社会上不三不四的人为"友"。同时，单亲家庭、再婚家庭的孩子也较以前多，其往往存在心理障碍。由于心理状态不佳，导致个别学生面对缤纷的世界不能自持，面对突发的意外事故及人身伤害等束手无策。

4. 复杂的社会治安形势的需要

随着社会改革的不断深入和教育的不断发展，在校中学生数量不断上

---

① 中学生安全教育的重要性.［DB/OL］. http：//wenku. baidu. com/link？url.

升，校园社会化现象日益明显，校内和校外周边环境日趋复杂。学生被拦路抢劫或被他人伤害，学生宿舍内钱物丢失、女生宿舍内遭寻衅滋扰、酒后滋事、斗殴事件等屡屡发生。大量事实说明，安全问题不仅是学生在校学习、生活中经常遇到的问题，也是今后走向社会要遇到的问题。中学生在校学习文化知识的同时，学习、了解、掌握一些法律知识和安全常识，不仅可以做到在校期间自己不受伤害，也不伤害他人，自己不违法违纪并能同违法违纪行为做斗争，而且还可以依靠法律、法规的力量保护自己，维护自己的正当权益。

5. 提高中学生安全意识的需要

当前中学生安全意识普遍比较淡薄，自身安全意识不强，主要表现为：学校一再三令五申宣读《学生校内外安全公约》及处罚办法，给学生发放并学习《安全事故手册》，但在学校总有学生追逐打闹、滑行楼梯扶手的；有翻越校门、围墙的；有体育课上不听从教师要求的；实验课上未经教师允许，擅自触摸药品进行违章操作的；在校外有不遵守交通规则和公共秩序的；有私自闯入施工现场的；有结伙斗殴、盗窃的；有滋事生非的；在自身财物管理上，思想麻痹，钱物随意乱放；离开宿舍不关门窗，给犯罪分子以可乘之机。另外，缺乏自我保护意识，对社会了解不够，一些社会上的犯罪分子、“小混混”利用中学生在校内学习、生活，接触社会少，辨别是非能力差等特点，骗取中学生财物。还有的中学生不注意用电、用火安全，不注意交通安全，夏天不注意游泳安全，冬天不注意滑冰安全，平常不注意饮食安全，购买廉价过期食品和饮料，心存侥幸心理，往往容易造成安全事故。一些中学生缺乏社会责任感，看到违法违纪事件，没有关系到自身利益，装作视而不见。认识不到打架斗殴、盗窃等给自身、他人、学校会带来怎样的危害，不采取有效的制止措施。因此，要切实加强中学生的安全教育，提高中学生安全的防范意识。

第四部分

预防和应对网络信息安全事故

内容提要

网络在现代社会扮演着不可取代的角色，可是随之而来的是大量的问题。本部分包括三课：网络安全要强化、网络诈骗要提防、沉溺网络不应当，其中网络诈骗与沉溺网络是当前存在的最大问题。网络安全要强化，首先在意识中为初中生敲响警钟，只有意识提高才能处处小心。网络诈骗要提防，其中包括网络诈骗常用的手段以及网络交易的注意事项。沉溺网络不应当，其中包括一个个生动的案例以及沉溺网络的危害性。教师要抓住初中生的年龄特点，要贴近他们的生活，不要过度地理论化，会使课堂效果增强。

第一课　网络安全要强化

一、教学内容

网络信息安全是一个关系国家安全和主权、社会稳定的重要问题。其重要性，正随着全球信息化步伐的加快而显得越来越重要。网络信息安全是一门涉及计算机科学、网络技术、通信技术、密码技术、信息安全技术、应用数学、信息论等多种学科的综合性学科。它主要是指网络系统的硬件、软件及其系统中的数据受到保护，不受偶然的或者恶意的原因而遭到破坏、更改、泄露，系统连续可靠正常地运行，网络服务不中断。2008年，中国互联网网民报告指出，我国人口中的网民有2.5亿，这个数字超过德国、英国、法国三国的总人口。因此，在中国对于网络信息的监管变得异常重要，我国也颁布了一些管理网络信息安全的法律法规。如第十一届全国人大常委会第三十次会议审议通过了《全国人民代表大会常务委员会关于加强网络信息保护的决定》（以下简称《决定》），这一《决定》旨在为互联网时代的个人信息保护装上“法律的盾牌”。有学者指出，截至2006年7月，政府14个部门已推出60余部与互联网相关的法律法规，其中涉及内容监管的至少有14项。[①] 信息大爆炸似地发展，网络中有着各种各样的信息，有的学者将网络比作无形的“房地产”，意思是，网民可以选择自己看些什么、做些什么，网络不会强加于人，不会将一些消极的东西强加于任何人。我国已经成为该领域颁布法律法规最多的国家，但是网络最终还是要靠个人的自制。因此，增强初中生安全意识的工作，首先要了解初中生的心理特点；其次，在此基础上要积极进行思想教育工作。

① 汪向东. 中国忘情报告［M］. 北京：新星出版社，2009.

（一）从心理特点分析初中生网络安全意识薄弱的原因

1. 社会性

中学生心理发展更多地取决于社会和政治环境的影响。中学生对社会政治生活中的问题，对人生的意义、升学、就业等问题越来越感兴趣；社会政治因素更多地反映到他们身上，影响和改变着他们的心理特征。中学生对父母、老师不再依赖与依恋。由于自我意识的发展，他们开始独立思索，有了自己的见解和行为方式，表现出很强的独立意向。就是因为这种心理，他们排斥与家长、教师交流，从而也许会向网络陌生人吐露心声，身处危险之中也不得而知。

2. 闭锁性

中学生不再像小学生那样单纯、幼稚，一切外露了，他们开始有了自己的“秘密”，不再轻易表露自己的内心世界。他们的情感也开始有一定曲折和掩饰的特点，自我调节能力增强。虽然闭锁，但是这一阶段的初中生刚刚开始向成人过渡，成熟与幼稚并存，思想方面仍带有很大的片面性和表面性，情绪体验也缺乏成人的深刻和稳定，社会经验不足等幼稚性，因此在面对网络信息时显得成熟性不足。

3. 动荡性

中学生的情绪、情感两极性十分明显，容易激动，十分热情而又经常动荡、变化，所以容易出现冲动行为。情绪的波动起伏较大，如果在网络中又受到负面思想的引导，初中生的情绪化会十分严重，很容易做出一些冲动的决定与行为。

4. 敏感性

中学生是长身体、长知识，形成世界观的时期，他们精力充沛，兴趣广泛，思想活跃。对人、对事、对社会现象具有较强的敏感性，易接受新事物、新信息。网络这种新型的技术对他们有十足的吸引力，比如，他们通过网络可以玩游戏、聊天、看电影等。①

① 常若松. 教育心理学［M］. 沈阳：辽宁大学出版社，2009.

（二）增强初中生网络信息安全意识的建议

1. 培养中学生网络信息安全的自我保护意识

网络是一个开放的空间，除了要做到自己不受别人的攻击，还要学会预防来自外界的攻击。例如，教会中学生利用防火墙和杀毒软件来防黄防毒。在网聊时，注意保护自己的隐私，不要随便把电话等其他信息告诉对方，更不能在没有父母同意的情况下和网友见面，在网上申请服务时，涉及自己的一些真实情况，如地址不要轻易告知别人，并时常更换。与自己有关的重要信息不要透露给网络中的陌生人，如身份证号码、电话号码等，要时刻注意保护自己。

2. 要合理利用网络，学会判断和自律

中学时代是一个人身心成长的关键期，养成良好的学习及生活习惯至关重要，迷恋网络世界挤占大量课余时间，甚至挤占正常的学习时间，不利于学习，更不利于身体健康。网上的信息浩瀚如海，要让中学生学会避开这些有害信息，因此，要培养学生的自律能力，只有这样才能避免有害信息的侵扰。自律能力的提高主要靠自己，也有赖于老师和家长的提醒和监督。

3. 教师要重视网络伦理道德教育

网络对学生原有思想观念造成强烈冲击，它将地球变成了一个“村落”，使得人们在网上交换信息的过程中超越了国家地域、社会制度与意识形态的藩篱，尤其作为青少年学生，不得不承受来自不同文化背景、思想观念、宗教信仰和生活方式等方面的巨大冲击，这种冲击甚至会破坏他们原有的价值取向。传统的道德教育已经难以帮助青少年有效应对这种跨文化的心灵震荡，唯有网络信息安全教育方能承担起这一历史新任务。除了法律，现实社会主要是依靠道德和舆论来约束人的行为。与之相对的是，网络社会更强调人的“慎独”，也就是道德自律，强调对自己行为负责的同时还必须对社会负责。换句话说，现实社会中的道德规范在网络虚拟社会中并不适用，唯有上升到道德习惯和道德信念的层次，才能更有效地规范个体的网络行为。

二、教学设计

【例1】

浏览网页要注意

（一）教学目标

（1）帮助学生了解并学会选择大型门户网站，如谷歌、百度等。

（2）禁止学生浏览色情网站，并且教师要用客观的态度引导学生进行身体健康教育，提高学生的自律意识。

（二）教学课时

1课时

（三）教学过程

1. 内容导入

随着信息时代的到来，发达的网络信息技术给人们的生活带来了很大的便利。各种新鲜的东西不断融入我们的生活，使我们的生活丰富多彩。但是大量信息的涌入，随之而来的是网络安全的隐患，很多人利用网络这个平台做一些不好甚至是违反法律的事情。因此，对于网络要有警惕意识，尤其对于不是很成熟的初中生来说，自觉抵制网络的不良影响更为重要。因此，教师要培养学生增强网络安全意识。结合中学生的实际，讨论一下应该注意哪些问题，让学生围绕着问题慢慢体会。

2. 教授新内容

本节课包括两部分内容：一是通过教师的讲授让初中生认识几个大型的合法网站，并告知他们简单的用法与用途；二是要简单讲解身体健康知识，将正确的信息传递给初中生，以避免他们在网络中受错误信息的引导。

（1）认识了解几大常用网站。教师可以使用多媒体上这节课，这样更便于教师讲解这节课。教师可以首先简单介绍几种常用网站，随后让学生们自己操作练习，随后可以让学生们自己说说他们的功能，如看哪些网站可以找到学习方面的材料，哪些可以听歌曲，哪些可以搜看视频。通过讲解加上学生的实际操作，熟练地掌握常用的方法。

①点击大型门户网站。首先，教师在多媒体教室介绍几种常用网站，

将网址告诉同学，然后提出问题，比如不同的网站有怎样不同的功能。学生会点击教师给的不同网址得到不同的答案

教师得出结论：不同的网站有不同的功能，我们点击的都是大型门户网站，安全可以得到保障，而且也没有一些低级趣味的信息，最后提问个别同学说说自己所点击的网站以及功能。

②安装杀毒软件。杀毒软件是计算机中必不可少的，因此要教会学生下载杀毒软件以及如何使用杀毒软件保护计算机。国际上公认的杀毒软件：卡巴斯基、诺顿等。国内杀毒较好的软件有：瑞星杀毒、江民杀毒、金山毒霸等。下载杀毒软件一定要去官方网站或大型的专业网站，如华军软件、天空软件等网站。介绍之后，教师要让学生动手为计算机下载杀毒软件，让他们自己试着下载这些优秀的杀毒软件，学生开始自己动手并且相互交流。

教师最后总结：教师亲自为学生演示一遍，如何下载杀毒软件，一边讲一边演示，最后让几名学生来演示。

(2) 加强身体健康教育。网络中一些低级的信息对初中生影响非常大，此阶段的初中生好奇心极强，一方面我们要告知他们不要去登录这样的网站，但是教师要做的仅仅告知是不够的，教师要客观地告诉他们这个时候偷食禁果的害处，提高他们的意识，更要教会他们该如何保护自己。教师要抱着客观的态度来教育初中生，教师不要带着不好意思的情绪，因为没什么可耻的事情，人类薪火相传的方式就是如此。我国现在未成年堕胎率这么高，简直让人害怕，都已经这个时候了，我们还要羞于谈论此事吗？我们的教育已经太迟缓了。教师们要抓住初中生这一重要阶段，将正确的信息传递给他们，要他们学会保护自己。相比于从网络中寻找这种新奇的感觉，倒不如我们把问题都提出来，这样初中生的好奇心也许会减弱。

①禁止点击色情网站。这节课教师在课前应该准备些幻灯片，举几个真实的例子，初中生因为没有把握好自己，点击黄色网站一发不可收拾，最终酿成大祸。

启发学生：首先应该告诉他们有这样的好奇心是正常的，不需要感到可耻，但是如何面对、如何处理这样的情绪是至关重要的，假使你有这样

的烦恼会怎样做呢？学生们开始互相讨论，但声音微弱。

老师最后总结：初中生刚刚开始发育，对异性有好奇心都很正常，大家不要觉得自己不正常或是心理不健康，如果大家有烦恼可以和老师说，老师一定会保护你们的隐私，不要避而不谈去点击色情网站，满足自己的好奇心，那样可能会害了你们自己。

②讲解身体健康知识。教师应该在课前准备一些身体健康的知识，让学生们意识到自己身体健康的重要性，尤其不能在这个年龄偷尝禁果，会对身体和心理造成巨大伤害。教师也可以举出偷食禁果，对自己人生造成伤害的真实案例。问问学生如果是自己，该如何人面对社会、家长和教师？学生们开始交头接耳地讨论。

老师最后总结：这样的错误会伤害你自己、伤害身边爱你的人们，一定要提高自己的意识，不要点击色情网站的同时，要对身体健康知识有所了解，这样你们就会知道网络色情这类错误的信息害处有多大，活生生的例子摆在眼前，大家一定不要走错误的路。

【简要评析】

首先，目标一是简单的关于网络基本问题的知识，如常用网站及其功能；目标二是教师要传递给学生正确的价值观。其次，教师从教学内容入手，第一部分是讲解如何安装杀毒软件，将知识转化为技能，与学生的互动锻炼了学生的表达能力，第二部分是加强身体健康教育，这一部分是本课的亮点，身体健康，教师要把握初中生这一关键时期将正确的身体健康知识传递给他们，教师的态度很关键，刚刚身体有巨大变化的初中生羞于谈论这些方面，但是他们却很好奇，教师不要不好意思，要让学生清楚他们的表现与想法都是正常的，不必感到羞愧。

【例2】

重要信息要保密

（一）教学目标

（1）帮助学生了解信息不仅仅指个人信息还指其他信息，如国家机密信息、政府部门信息等。在了解信息类型的同时，更加注重案例分析，引起学生共鸣。

（2）引导学生了解信息安全的重要性，不要轻易泄露信息，培养学生的信息安全意识。

（二）教学课时

1 课时

（三）教学过程

1. 内容导入，增强意识

在这里把网络信息分为个人信息和其他信息，其他信息包括一些政府部门信息、事业单位信息和国家机密信息。教学的重点当然还是放在个人信息这一部分，毕竟初中生年龄还小，不像大学生，只要在其他信息方面给予适当提醒即可。

不要轻易透露任何私密信息，更不要与陌生网络认识的人见面，这种情况主要指，在网络中会自动跳出一些“恭喜您，您中奖了”，其中需要填写大量的个人信息。让学生知道透露信息会给个人以及身边的人带来巨大危险，让他们了解这些私密信息的暴露会为不法分子带来何种方便。初中生虽然年龄不大，但是面对网络、计算机的普及，一定要提醒他们增强自己的意识，不仅不要透漏个人信息，大到国家信息的安全都是我们应该注意的问题。

2. 案例再现，引起共鸣

（1）引出课前准备好的案例，引发学生思考，问问学生的感想。

（2）问问学生们，身边是否有这样的例子，由于泄露信息而导致严重的不良后果，或是问问学生们有没有看到类似新闻。

（3）教师总结并且深刻讲解案例，在互联网高度发达的今天，因泄露个人信息而招致危险的情况时有发生，泄露政府部门等重要信息的更是危及社会稳定与国家安全，因此一定要提高自己的意识，在面对网络信息时要懂得分辨、懂得保密。

3. 换位思考、情景模拟

（1）面对类似案例中的情况，问问学生如果是你，应该怎样做？

（2）让学生总结出自己认为比较好的可以辨别出是套取信息的方法。

4. 回顾总结、畅谈收获

大家畅所欲言，说说自己的收获与感想。

【简要评析】

首先，目标一涉及安全信息的重要性问题是态度问题，引导学生增强意识，在这个时代要懂得分辨、懂得保密是十分重要的；其次，目标二涉及知识，如信息的种类及如何保护信息。从教学内容来看，以案例入手，引起学生共鸣，让学生真真切切地感受到这样的事情就在他们身边，不会觉得这些事情和他们关系不大。建议教师详细地分辨信息的种类，而且把此作为学生的课后作业。

三、教学素材

相关案例

如果按1999年出生来计算，案发时晓琳（化名）不足16周岁，是沈阳一所中学初一的学生。这个年龄对大多数孩子来说，还过着家到学校两点一线的单纯生活。而她现在却只能待在看守所里，因涉嫌为一名男子介绍初一女生，并从中牟利，被介绍女孩遭男子强行发生性关系。晓琳涉嫌强奸犯罪，目前正等待法律的裁决。在一次与律师的会谈中，被刑事拘留的晓琳透露了案件过程。在校读初一的她，经过朋友小乐（化名）介绍，认识了男子杨某某，那时还是女孩的晓琳被要求发生性关系，并支付她数千元的费用，“一开始我也不同意，但好几个月他一直找我，2014年8月，我就和杨某某发生了关系”，晓琳说。初中生犯罪对是否出于自愿，晓琳表示，“应该说是自愿的，整个过程没反抗，之后又维持了这种不正常关系。再后来我不愿意了，他就让我帮他介绍，我就介绍了一个女孩”。

晓琳表示，她是通过QQ与女孩小宇（化名）联系的。

针对此事，本报记者曾接到过知情人爆料，当时杨某某与于洪区一所中学初一年级的12岁女孩发生性关系。事后，被害女孩服药导致昏厥。家长问起原因，得知杨某某曾高价引诱女儿，并与其发生性关系。事后，杨某某给女孩2 000元钱。而这名女孩就是晓琳介绍给杨某某的12岁幼女小宇。

沈阳警方的起诉意见书显示：2014年10月26日下午2时许，犯罪嫌疑人晓琳事先与犯罪嫌疑人杨某某（死亡）勾结，为给杨某某找一个初中女生，并从中牟利，晓琳经过物色，将被害人小宇带到沈阳市某酒店2802号房间内，小宇不同意与杨某某发生性关系，在晓琳的威胁下，杨某某强行与小宇发生性关系。犯罪嫌疑人晓琳的行为已涉嫌强奸犯罪，根据《刑法》规定，将本案移送起诉，予以惩处。辽沈晚报、聊沈客户端记者从晓琳母亲处获悉，案件已诉至法院，尚未开庭。

2014年“六一”国际儿童节前，最高检召开新闻发布会，通报显示，近年来未成年人犯罪呈低龄化、暴力化趋势，而且共同犯罪居多。最高人民检察院公诉厅副厅长史卫忠介绍，近5年来，未成年人犯罪总体数量呈下降趋势，但是从个案分析来看，未成年人犯罪案件趋于低龄化。据统计，进入检察环节的未成年人犯罪嫌疑人虽仍以16~18周岁为主，但受理的14~16周岁的未成年人呈逐年上升趋势。文化程度上，初中以下文化程度的未成年犯罪嫌疑人占绝大多数。另外，未成年人犯罪手段呈成人化、暴力化倾向。近五年来，共同犯罪案件数基本保持在总数的一半左右。马岩律师为晓琳提供法律援助，她认为，受援人晓琳是未成年人，是女性，是在校初中学生，本着对未成年人的教育为主、惩罚为辅的原则，“请侦查机关依照法律规定的收集证据的原则，即收集有罪证据，也收集无罪证据，对该案力争在证据方面最大可能全面，不冤枉，不放过”。下面是记者采访马岩律师的一段话。

记者：第一次去看守所见她，给你的第一印象是什么?

马律师：她一脸茫然。浑身发抖，看起来非常害怕，对性行为和法律一无所知。

记者：您感觉，她的恐惧来自哪里?

马律师：其实主要还是对失去自由的恐惧，她一直在问我什么时候能出去，甚至不知道自己怎么就犯罪了，不理解为什么这是犯罪，而对与他人发生性行为，也不知道这对一个女孩子来说意味着什么。

记者：这是最让你意外的?

马律师：是的。这个案子说实话，特别触目惊心，涉案人年龄越来越小。她是一个嫌疑人，但我认为她在这个事件中也是一个受害者。来自家庭的教育没有给她一个正确的方向，父亲与她的沟通，要么沉默，要么对立。与母亲的关系用她的话说，“我跟我妈说不明白话”。代沟比较严重，父母忙碌又没时间管她，有事没人可倾诉。

记者：您认为，在这个事件中，应该有哪些值得思考和改进的地方?

马律师：作为一个女孩子，她将来会成为母亲，她是培养下一代的第一人，是会影响孩子、家庭和社会的。而因为性教育的缺失，导致了她的这种现状。所以，我认为应该将性教育引入义务教育中来，弥补家庭教育的不足，让更多的教育前置，而不是事后后悔。

四、知识链接

我国以及其他国家相关法律法规

《计算机信息系统安全保护条例》（以下简称《条例》），发布于1994年2月18日，该条例自发布之日起施行。《条例》对计算机信息系统的安全保护制度、安全监督、法律责任等做了具体规定，分为5章31条。

《全国人民代表大会常务委员会关于维护互联网安全的决定》于2000年12月28日在第九届全国人民代表大会常务委员会第十九次会议通过，根据2009年8月27日《全国人民代表大会常务委员会关于修订部分法律的决定》修正。

美国制定了《计算机欺诈与滥用法》（1984年）、《公共网络安全法》（1997年）、《加强计算机安全法》（1997年9月通过、2000年修订）等有关法律。在国际合作层面，2006年，美国参议院批准了《计算机犯罪公约》，该公约于2007年1月1日在美国正式生效。

早在1978年1月6日，法国政府就颁布施行了《信息、档案与自由法》。该法第1条规定，信息应服务于公民，信息技术发展不应侵犯身份信息、个人权利、隐私、公共和私人自由。

在日本，除了《电讯事业法》《规范互联网服务商责任法》《规范电子邮件法》等专项互联网管理法令，具体界定相关违法行为、网站的责任和义务等。此外，日本还通过《刑法》《著作权法》《打击毒品犯罪法》等，明确规定“违法信息”包括色情淫秽、侵权诽谤、毒品交易、诈骗等。

在德国，虽然没有统一的互联网管理规定，但相关法律，如普遍性法律条款、《媒体服务国家协议》《广播电台国家协议》和《通信媒体法》等均适用于互联网领域，特别是《信息和通信服务规范法》明确了互联网内容传播过程中各个环节、相关机构的责任和义务。

第二课　网络诈骗要提防

一、教学内容

随着网络的快速普及，在这个虚拟的世界中许多不法分子进行诈骗，相对于现实世界，网络世界的法律不是很完善，不法分子钻法律空子满足自己的不合法利益，诈骗的方式层出不穷，有时候甚至防不胜防，我们必须时刻警惕才能避免被骗的可能，我们要了解常见的诈骗手段以及如何避免网络诈骗。

（一）初中生易网络受骗的原因

1. 好奇心强，自控力差

上一章节我们已经提到初中生刚刚进入青春期，此阶段的发育迅速，无论身体还是心理，他们成熟与幼稚并存，好奇心极强，对这个世界了解甚少，因此太容易被他人所骗。

2. 不够成熟，辨别力差

他们总以为自己已经很成熟，觉得承认不理解他们、小看他们，他们自信可以和成年人一样处理事情，可以和成年人一样成熟不会受骗，可是现在的犯罪分子诈骗方式多种多样，家长们都要谨慎分辨，何况初中生。

3. 情绪波动，开始叛逆

这个年龄段的初中生情绪波动较为明显，常常让大人们觉得阴晴不定，一会儿高兴一会儿不高兴，此时的他们非常敏感，非常感性，辨别能力差，常常因为有人理解而备受鼓舞，而在网络中的不法分子就会利用初中生的特点对其进行诈骗，金钱是小，生命安全是重，初中生这个时候也许真的会选择反叛家人，而相信网络中的虚拟人物。

（二）网络诈骗常见手段

1.“无风险投资”诈骗

如今，非法传销中的金钱游戏也漫游到了互联网上。在一些电子邮件中信誓旦旦地许诺有可观的投资回报率来吸引投资者，而事实上却是某些别有用心的人在利用这种欺诈模式吸纳资金。专家郑重告诫上网者，不要投资于任何“许诺以小笔投资又不用付出任何劳动却可以获得难以置信的利润”的诺言，因为“世界上绝没有无缘无故的爱”。

2.“人人中大奖”的骗子游戏

尽管人们都明白“天上不会掉馅饼”的道理，但当骗子将诱饵抛到面前时，还是有人被“馅饼”搞晕头脑。据悉，这类“人人中大奖”的骗子游戏主要有两种行骗方式：一是骗邮资，二是骗钱。

3.“信用卡”诈骗

在互联网上，公布信用卡号与在电话上说出它一样危险。消费者在网上用信用卡购物应小心谨慎，应当只在著名网上公司用信用卡购物，还应当对要求你提供信用卡号的请求多留心。当前在网络经济活动中，已发现的网络信用卡诈骗犯罪形式多种多样，主要有破解信用卡密码后伪造并使用信用卡、伪造并冒用他人信用卡、与信用卡特约商户勾结冒用他人信用卡等。

4.“金字塔”诈骗

“只需四个星期，5 美元变成 6 万美元”是最可能出现的“金字塔”骗术的诱骗手段。参加者只能靠发展下线赚钱，建立一座“金字塔”。如果找不到新的“投资者”，这座“金字塔”就会倒塌。这种“金字塔”诈骗无论在网上还是线下都是违法的。

5.“电话”欺诈

同许多互联网欺诈一样，它只是已有多年历史的老骗术的变种，但电子邮件带来的通信便利性给它赋予了新的生命力。你会收到一封催你拨打区号为“809”的电话号码的电子邮件。诱饵一般是：你在一次竞赛中获胜或赢得一笔奖金。而“809”是加勒比海地区的区号，并且拨打的电话将出现在你下个月的电话账单上，话费高达每分钟 20 美元。

6．“购买违禁品”诈骗

一些不法分子在网上建立个人网页，或者利用网上论坛、留言板、电子邮件发布国家严令禁止销售的间谍器材、伪造证件等广告信息，实施网络诈骗或非法销售违禁品犯罪。公安机关提醒群众，网上销售违禁品多为诈骗钱财，不要购买。犯罪分子在网上发布销售窃听器、偷拍机、伪造证件等虚假信息，利用人们对间谍器材等违禁品的好奇以及受骗后不敢报案的心理，诱惑受害人上当，骗取钱财。

7．“冒充QQ好友”诈骗

一些不法分子，利用黑客工具，盗取QQ账号和密码，QQ被盗后，不法分子便登录其QQ，冒充QQ主人向该QQ账号上的好友借钱或者让好友帮其买Q币或是游戏装备。有的通过留言的形式，也有越来越多的不法分子会先与QQ上的好友寒暄几句，之后便说由于某某事情，突然需要用一笔钱，好友往往因对方能准确地叫出自己的姓名而轻信对方，将钱汇到对方提供的银行账号，因此，在收到“好友”借钱时，一定要留意，通过打电话核实或让对方给打电话确认。

8．“预付款、定金”诈骗

有些商家利用网络开骗人的网店，网上承诺特别好，网上的地址、电话等信息也很详细，公司的网页做得也非常精美。感觉上是很正规的，却是网络上的大骗子，他们利用表面上的东西获得消费者的信任，来骗取消费者的预付款或定金。①

（三）如何预防网络诈骗

1. 不要抱有侥幸心理

很多人在网络中上当受骗就是因为这种心理，网络中关于“发财致富”的信息比比皆是，教师要教导学生抱有正确的人生观，通过自己的努力获取财富才是正确的，不能投机取巧，从初中就建立正确的人生观、价值观对以后的成长也是至关重要的，网络中很多商品也非常便宜，与实际相差很多，这时候绝不能贪图便宜，觉得自己好像捡了便宜。

---

① http：//www. mofcom. gov. cn/article/difang/gansu/201311/20131100387598. shtml.

2. 个人信息要保密

关于这一点前面已经有所讲解了，在此重申一次，足以证明它的重要性，教师要让学生保护好自己的相关信息，比如，所在班级、家庭住址、家长姓名、单位等，现在的网络犯罪手段防不胜防，我们不可能时时刻刻都了解网络诈骗是否有了新的手段，我们只有以不变应万变，你不输入银行卡的账号与密码，就算再高端的网络诈骗也套不走你的钱。

3. 不要轻信网络中的“朋友”

初中生开始与家长、教师产生距离感，他们觉得没有人理解他们，网络中的“朋友”成了他们的倾诉对象，很多诈骗犯罪分子也利用这一点，挑拨学生与家长、教师的关系，让学生相信他是最理解他的人，先取得信任套取重要信息，教师要时刻提醒学生，网络世界是虚拟世界，管理不是很完善，不能轻易相信一个陌生人，更不能交朋友，一定要慎重。

二、教学设计

【例1】

网络交易要谨慎

（一）教学目标

（1）使学生清楚了解常用的网络诈骗手段以及注意事项，通过案例分析，增强辨别能力。

（2）了解网络诈骗常用手段后，引导学生增强意识，不要轻易上当受骗。

（二）教学课时

1课时

（三）教学过程

1. 内容引入

在网络这个虚拟的世界里，一些网站或个人会利用它达到各种目的，往往会不择手段，设置陷阱，进行诈骗。大家不要以为这样的事情不会发生在自己身上，网络现在已经非常普及，将来会更加普及，与我们的生活息息相关，网络有它的好处，充分加以利用可以收获不少，但是不乏有人在虚拟的世界中动“歪脑筋”，所以大家在上网时一定要增强意识，远离诈骗。

2. 讲授新内容

本节课由两个部分组成：一是要学生了解到各种注意事项；二是知道网络诈骗的犯罪分子都常用些什么手段，以案例来进行教学。

(1) 网络交易注意事项。

①保护好你自己的密码，不要将一些付款密码简单设置成顺序的数字、几个相同的数字甚至不要设置成你的生日、身份证号码，最好将数字和字母混合在一起，数字要打乱顺序。

②保护好自己的隐私，尽量少吐露个人信息和家人信息，填写表格时个别信息，能不填写就尽量不要填，例如，家庭住址、父母姓名及工作单位等。

③选择合法的、信誉度高的网站交易。网上交易时要对付款方式进行考察，特别是以信用卡付费的保密性进行考察，防止个人密码遗失造成损失。

④不要轻信一些虚拟社区、BBS 里面的销售广告，不可贪图小便宜，俗语说得好：“贪小便宜，吃大亏”。

⑤避免与身份不明的人进行交易，现在大家常用网上交易的网站是淘宝网，彼此都不相识，这时要看卖家的信誉程度以及累积的各种评价，如果没有人买过或是买的人特别少，尽量避免与这样的卖家交易。

⑥若网上交易商品时与市面的价位有着明显差距，切勿贪图便宜，贸然交易。

⑦不要轻易相信网络中来历不明的测试，如个人情商、智商之类的软件，这类软件大多都是想套用个人信息与资料，往往就是陷阱。

⑧不要轻易相信网络中中奖之类的信息，犯罪分子就是利用爱占小便宜的心理设置陷阱，通过要求中奖人邮寄汇费、提供卡号等个人资料，套取钱财。

⑨不要轻易相信网络上公布的快速致富的秘诀，天下没有投机取巧得来的成功，要摒弃投机取巧的心态，一旦相信这些信息，绝大部分都会血本无归。

（2）案例分析。

杨某在一论坛上看到一则轻松购物的广告。在连续点开数个链接后进入一网站，杨某相中一款数码相机，并通过该网页链接进入“工商银行”网站。杨某输入账号、密码、金额后，页面显示交易成功。3天后，杨某发现自己的账号中仅剩一元钱，经查询得知，当日点开的“工商银行”网站是假的，犯罪分子利用账号和密码转走了账上的钱。

教师提问学生，杨某犯了什么样的错误？如果你是杨某应该怎么对待这件事？学生会开始讨论，随后提问几个学生让他们谈谈看法。

教师总结：首先，购物可以去大家公认的比较不错的网站，不要选择这种论坛中的广告；其次，购物卡与生活卡最好分开，购物卡里尽量不要存入大量存款，这样即使出现意外也不会有过多损失；最后，像账号、密码这样的私人信息不要轻易填写。

余小姐毕业于某外语学院，工作之余一直想做兼职。一次网上看到一则招聘广告招翻译，她发信应聘，对方先发来一篇文章让她翻译，随后就“正式录用”了。双方通过网络传递文件，约定每月底按工作量付酬。于是余小姐为对方翻译了不少文件及技术资料，但到了该结算酬劳时，对方却迟迟不将钱汇入她提供的账号。余小姐发信去询问也再没答复，这才知道是上当了。

教师同样提问如果你是余小姐，翻译了将近一个月，中途没有任何的工资你是否还会继续做下去？为什么？学生思考完后，问问会继续的同学有多少？让他们谈谈自己的看法。接着再问问那些有相反意见的人。

教师总结：余小姐与有些学生太容易轻信陌生人，大家始终不要忘记网络是虚拟的世界，不是现实生活，在生活中你相信有所了解的朋友、同学，大家彼此相识有感情，是有基础的，不会存心欺骗你，更不会诈骗，对待网络中的人要“狠”，余小姐可以说每翻译一篇文章或是多少字就给劳动酬劳，否则不会继续翻译，这样就不会白白付出自己的辛苦劳动，尽早就会发现诈骗行为。在网络中，我们要提高警惕，对待网络中的陌生人不要轻易相信他们，对待他们不要像对待生活中的亲人和朋友一般，付出自己的真心。

中国人有扶危救难的传统，一方有难，总会有八方来支援。可惜这良好的传统也正在被某些网络骗子所利用。他们往往会写一封感人至深的求助信，通过群发系统在网上到处散发。在信上可能会有一个子虚乌有的患白血病的小女孩在病床上等待你的援手，或者是一个优秀的程序员因种种原因需要您无私的援助。有时他们甚至还会在网上建立一个主页专门来报道这件事，把故事编得好像真的一样。善良的人们往往不加防备，纷纷慷慨解囊，不料却中了骗子的圈套。

教师提问学生：如果是你，你的善良是否会促使你拿出自己的压岁钱来帮助他们呢？学生讨论然后回答。

教师总结：大家都是善良的孩子，但是你们还太小，如果遇到此类现象而你真的想为他们贡献自己的力量，首先要找你们的父母，让他们看看是否属实，他们年龄较大、经验丰富，可以做出大部分的正确决定，其次就是在不能万分确定这样事情真伪的情况下，不要捐太多的钱，以防上当受骗。

【简要评析】

首先，目标中简单的关于网络诈骗的注意事项、了解一些网上常见诈骗交易手段，提高学生意识。其次，从教育内容来分析，案例的形式最能引起共鸣，可以引导学生进入情境之中，更好地与实际生活联系在一起，现在网络交易越来越多，一定要让学生们提高警惕。

【例2】

网络诈骗需提防

（一）教学目标

（1）引导学生系统了解网络诈骗的特征及其常用手段。

（2）引导学生系统了解之后要学会如何预防网络诈骗，并且不要贪图小便宜吃大亏，时刻提高安全意识。

（二）教学课时

1 课时

（三）教学过程

1. 内容导入

前面我们已经学习网络诈骗常用的手段，也分析了几个案例，大家已经对网络诈骗有简单的了解，并且知道提高自己的意识，尽量避免此类事情发生。这节课要深入地讲解网络诈骗的特征以及运行机制，还有就是如果网络诈骗如果真的发生在你的身上，你应该做些什么来弥补一些损失，使伤害降到最低。

2. 网络诈骗案件的作案特点

（1）作案主体专业多元。网络诈骗中的网上行为有申请域名、制作网页、租用空间、后台管理等多个方面，其中还涉及域名解析、页面更新、登录维护等技术环节。但犯罪嫌疑人已将诸多环节分散，形成各自专业，分工负责。网络诈骗中的其他行为还有专办假证的、专办银行卡的、专办手机卡的、专业取款的、续缴网络使用费用的等，在诈骗网络产业链中每人都分得一羹，形成犯罪主体多元化。

（2）作案范围跳跃扩大。互联网的无界性，给犯罪嫌疑人实施大范围网络诈骗活动带来便利。甲地到乙地和丙地可以是物理移动，也能够实现网上搬迁，而团伙成员间的密切分工又使作案范围更具跳跃性。目前发生的诈骗案件中，已出现境内外勾结的网络诈骗团伙，犯罪区域已经跨越了国界的界限。

（3）作案手段多样翻新。虽然目的都是骗财，但犯罪嫌疑人在作案手段上是多种多样的，从早几年的购物、中奖等诈骗到近两年的炒股、房贷等诈骗，可以说五花八门。同时又不断翻新、变换花样。中奖一类诈骗，几年来不断演绎，可以编造出数十种理由，至今仍能屡屡奏效。

（4）作案工具智能隐秘。犯罪嫌疑人购买的“铁通一号通”“400电话”“来电任意显”等网络电话，不仅具有捆绑手机等使用功能，有的还可以设定来电显示和录制语音。

（5）作案罪证分散灭失。犯罪嫌疑人实施网络诈骗活动中的网站、银行卡、电话、手机、身份证等元素往往全部在异地“拼装”，而且均可以通过网上购买，致使作案证据大量分散。一旦诈骗得逞，就会迅速关闭网站，销毁银行卡，弃用通信工具，造成涉案证据灭失。

3. 网络诈骗的补救措施

如今的生活已经离不开QQ、微信等聊天工具了。不过个人信息泄露的事情很让人堪忧。如果个人信息泄露，不法分子冒充本人向身边亲朋好友借钱，而且成功骗取一大笔钱财之后，被骗的好友向我问责索赔，我要怎么办才好呢？

(1) 如果你网络上的身份信息外泄的话，是有补救措施的，举个例子：

如果很早就知道身份信息外泄，你隔了一年之后才对于这个信息进行更正说明，这个时候，对于这个受害人的受害行为间接上起到了一个推波助澜的作用，你不需要承担刑事责任，但是要承担相应的民事赔偿责任，另一种情况你的身份信息泄露之后你是没有责任的，因为你对自己的身份信息泄露的情况给予一定的告知，给予了一定的更正和说明，譬如我们的其他相应的聊天工具MSN、微信等进行了说明的话，是不需要承担责任的。

(2) 骗子虚构感人故事募捐，被骗的钱可否拿回？

情感诈骗是骗子常用的一种手段，很多无知少年和上了年纪的人群往往容易受骗。他们的作案手段一般是写一封感人至深的求助信，把信件通过群发系统在网上到处散发。信中常常会出现一个子虚乌有的患白血病的小女孩在病床上等待人帮助，有时甚至还会在网上建立一个主页专门来报道这件事，使故事看起来好像真的一样。善良的人们往往不加防备，纷纷慷慨解囊，很多人就中了骗子的圈套。

首先，这个网络上发布了一个虚假的感人的故事，然后提供了一个工作账户，向社会来募捐，那这个事实主要是捏造的话，因为肯定是有人汇了钱来构成诈骗，所以对于这些坏人来说已经构成了诈骗，遇到这样的情况，我们要做的就是第一时间到公安机关来报案，出示你汇出款项的证据，说明你是交了现金还是转账。

其次，公安机关查获这个案件以后，他对于这个违法所得追缴，这个追缴需要返回给受害人。但是另一种情况就是如果钱他花掉了怎么办？这个花掉了就没有办法了，他要为这个诈骗行为承担一定的刑事责任。

(3) 骗子假装身份约会网友骗财又骗色，受害者怎么办？

一些非常卑鄙的骗子会约会一些无知少女外出会面，趁其不防，骗财又骗色，遇到这种情况，受害者要怎么办？

如果他捏造了一些事实，制造了一些虚假的光环，来骗取少女的信任，得到了自己的一些利益。这个利益分为两个方面：第一方面是骗色，目前我们国家还不能立案，这是一个道德层面的问题。但是如果他在骗色的过程中产生了一个暴力，这里涉嫌构成一个强奸罪，要承担相应的刑事责任，轻者是三年以下，重者是三年以上，这是第一个。第二个就是如果骗取了别人钱财的话，只要是他在与少女交往的过程中有捏造事实、粉饰自己身份的一种行为，达到获得少女手上钱财的一个目的，就构成诈骗罪，不过诈骗罪是有一个起刑的数额，譬如说一元钱的金额诈骗是不能立案的，现在广州立案的数额是3 000元钱。3 000元钱以下的话就要用一些其他的方法来处理。①

4. 回顾总结

教师与学生们一起总结关于网络诈骗的重要内容，大家相互交流感想与收获。

【简要评析】

首先，我们从教学目标入手，从目标中了解网络诈骗的特征及了解网络诈骗的运行手段与机制，引导学生系统了解之后要学会如何预防网络诈骗。其次，我们从教学内容入手，从网络诈骗的特征开始分析，让学生了解到现在网络诈骗的大致状况，又讲到如果遇到网络诈骗应该如何第一时间将损失降到最低，非常具有现实意义。本节课的不足之处就是与学生交流较少，教师可以适当调节。

三、教学素材

相关案例

卖家小吴的网店刚开业就有一名顾客看上了他的一件货品并下了单，之后，顾客告诉他，不能付账。作为新手的小吴搞不清楚状况，打开自己的店铺研究起来。不一会儿，阿里旺旺自动跳出一位自称“支付宝客服”的人员，对方称小吴的店铺被暂时冻结了，如果不在支付宝内存1 000元消费者保障押金，小吴的支付宝交易将永久性冻结。由于小吴对支付宝的规则一知半解，小吴赶紧联系那个“客服”并与对方攀谈起来，逐渐相信对方。小吴如实填写了资料并汇入支付宝1 000元。“客服”索要了小吴的验证码，没多久小吴发现支付宝里的钱已被领走，这时才发现原来“客

① http://china.findlaw.cn/shuofa/shuofadetail/263.html.

服”是假的，自己被骗得团团转。

常熟市民的严女士经人介绍在网上帮别人刷信誉做兼职。起初，对方通过 QQ 发给她一个操作流程和申请表。次日早上，对方联系了她，告知其通过了审核，并在她同意后让其做任务。对方让严女士在某网站上购买了 315 元的点卡，并把买的点卡发到一个指定的邮箱。严女士用自己的支付宝做了这项任务，3 分钟后，对方就将 330 元打到了严女士的银行卡账户上。严女士又做了第二个任务，买 525 元的点卡，之后，对方退了 550 元到其银行卡上。两次任务完成后，对方让其做第三个任务，该任务有三个子任务，第一个子任务是让严女士买两次 1 050 元的东西，第二个是买一次 1 050 元的东西，第三个是买三次 4 200 元的东西。由于严女士已信任对方，她按对方的指示进行了购买，当她做到第三个子任务时感觉有点不对劲了，就以支付宝上没有钱了为由，让对方把钱归还，但对方说每个月的 10 日才能由公司统一退款，于是严女士发现上当受骗，向警方报了警。

四、知识链接

《刑法》第二百六十六条　【诈骗罪】诈骗公私财物，数额较大的，处三年以下有期徒刑、拘役或者管制，并处或者单处罚金；数额巨大或者有其他严重情节的，处三年以上十年以下有期徒刑，并处罚金；数额特别巨大或者有其他特别严重情节的，处十年以上有期徒刑或者无期徒刑，并处罚金或者没收财产。本法另有规定的，依照规定。

第二百一十条第二款　【诈骗罪】使用欺骗手段骗取增值税专用发票或者可以用于骗取出口退税、抵扣税款的其他发票的，依照本法第二百六十六条的规定定罪处罚。

第二百六十九条　【抢劫罪】犯盗窃、诈骗、抢夺罪，为窝藏赃物、抗拒抓捕或者毁灭罪证而当场使用暴力或者以暴力相威胁的，依照本法第二百六十三条的规定定罪处罚。

第三百条第三款　【强奸罪；诈骗罪】组织和利用会道门、邪教组织或者利用迷信奸淫妇女、诈骗财物的，分别依照本法第二百三十六条、第二百六十六条的规定定罪处罚。

第二百八十七条 【利用计算机实施犯罪的提示性规定】利用计算机实施金融诈骗、盗窃、贪污、挪用公款、窃取国家秘密或者其他犯罪的，依照本法有关规定定罪处罚。网络诈骗罪立案的标准：2 000 元，达到诈骗罪标准。数额较小，没有达到2 000 元，尚不构成诈骗罪，但是违反社会治安，根据《治安管理处罚法》规定，处5～15 日拘留，可并处1 000 元以下罚款。但如果诈骗行为累计数额超过2 000 元，就可以追究诈骗罪的刑事责任了。

根据1995 年第八届全国人民代表大会常务委员会第十二次会议通过、2012 年10 月26 日第十一届全国人民代表大会常务委员会第二十九次会议《关于修改〈中华人民共和国警察法〉的决定》修正的《中华人民共和国人民民警法》第六条第十二项规定，公安机关人民民警依法履行“监督管理计算机信息系统的安全保护工作”职责。

网络民警：根据中华人民共和国国务院1994 年颁布的《计算机信息系统安全保护条例》第六条规定：“公安部主管中国计算机信息系统安全保护工作”，第十七条规定，公安机关对计算机信息系统安全保护工作行使下列权利：

监督职权

（一）监督、检查、指导计算机信息系统安全保护工作；

（二）查处危害计算机信息系统安全的违法犯罪案件；

（三）履行计算机信息系统安全保护工作的其他监督职责。

具体职责

（一）宣传计算机信息系统安全保护法律、法规和规章；

（二）检查计算机信息系统安全保护工作；

（三）管理计算机病毒和其他有害数据的防治工作；

（四）监督、检查计算机信息系统安全专用产品销售活动；

（五）查处危害计算机信息系统安全的违法犯罪案件；

（六）依法应当履行的其他职责。①

① http：//baike. baidu. com/view/47175. htm？ fr = aladdin.

第三课　沉溺网络不应当

一、教学内容

随着互联网在中国的快速发展与成熟，随之而来的问题也逐渐凸显，现在越来越多的青年人沉迷于网络而不能自拔，不仅影响学业还影响了他们的身心健康，使他们的脾气变得暴躁与古怪。网络的虚拟性为不成熟的学生提供了他们发泄与表现自己的场所。网络剧烈地影响和改变我们的生活，我们确实受益颇多，但是正如“水能载舟，亦能覆舟”一样，错用了它会让我们掉入无底深渊。在中国的网民中，绝大部分是学生，为了使他们不至于走错路，在初中就要重视网络教育，让学生在初中就形成良好的网络习惯。前两课，我们已经学到了在网络这个虚拟的世界，一定要提高警惕，增强自己的网络安全意识，保护好个人以及身边亲人的信息，不要轻易相信网络中的任何人，更不能与网络中的“朋友”见面，不要贪图便宜点击中奖网站，更不要贪图便宜在网络上进行大笔的网络交易，保持一个清醒的头脑，避免网络交易上当受骗。这节课，是此章的最后一节课，也是目前来说困扰着学校、家长与社会最严重的一个问题，就是只要过度接触到网络的学生，最后都会沉迷于网络，因为对于这样年纪的初中生来说，做事自制力差，做事多凭感觉，做事不考虑后果，如果不及时引导他们形成良好的习惯，他们将会误入歧途。

（一）青少年易沉迷网络的原因

（1）青少年在生活和学习上有很大的压力，渴望得到调节。

（2）青少年的意志薄弱、自制力差，容易把自己卷进游戏中。

（3）媒体与网络的误导：在生活中找不到的成就感，在暴力游戏中可以找到；青少年很喜欢刺激的感觉，而这种感觉在暴力游戏中可以得到满足。

（4）家庭教育出现问题，导致孩子想逃离生活，他们会毫不犹豫地选择网络游戏。

（5）政府对媒体的引导和对网络的监管力度不够：媒体对娱乐界不良现象的正面宣传和网络色情、暴力的泛滥已有目共睹，令家长们深恶痛绝。

（二）网络综合征的自我诊断

（1）每天起床后，情绪低落、头昏眼花、疲乏无力、食欲不振、神不守舍、一旦上网精神抖擞。

（2）无法控制自己的上网时间，一旦上网难以停止。

（3）不能上网时，明显感觉脾气暴躁、烦躁不安或情绪低落。

（4）性格渐渐孤僻，不愿意与他人交谈。

（5）严重的会出现舌头僵硬，出现幻觉，失去自制力，不由自主地有敲击键盘的行为。

二、教学设计

【例1】

沉迷网络危害大

（一）教学目标

（1）让学生了解沉迷网络的危害，会带来的严重后果，重点分析案例，引起学生共鸣。

（2）帮助学生认清沉迷网络会给自己、家人、他人带来危害，因此绝对不要沉迷网络。

（二）教学课时

1课时

（三）教学过程

1. 案例分析

（1）沉迷网络，断送自己前程。李明（化名）以630分的高分被武汉某著名高校录取。学校老师介绍，入学后，李明迷上了玩网络游戏。老师们多次找他谈心、交流，但是他并不听从老师的耐心劝告，仍然沉迷其中，且越陷越深。今年开始，他经常整夜上网，第二天白天就呼呼大睡，最后连课也不上。今年夏天，李明因为进网吧玩游戏，竟然连期末考试都未参加，各门功课成绩最后被记零分。秋季开学后，学校按有关规定，于10月初对其做出勒令退学处理。李明的父母接到学校通知后，和亲戚从家里赶到武汉接儿子，李明却躲了起来。父母和亲戚在学校附近网吧苦苦寻找几天，才在一家网吧找到了李明。任凭父母如何乞求，李明仍然自顾自地进入网吧玩游戏。其父母只得待在网吧，远远守护着儿子。前日，李明父亲报警向民警求助："求你们把他关几天吧，这样对他戒掉网瘾有用。"民警拒绝了他的请求，并帮助劝说李明。最后，李明同意与父母回家。

老师提问，问问同学们是否有年龄与案例中相仿的兄弟姐妹，也有类似的情况，家中的亲属是怎样做的？有这种情况的学生会和身边的同学们讲一讲，大家一起讨论如何帮助他。教师也可以让有类似情况发生的学生讲一讲。

教师总结：虽然大家现在是初中生，但是也不要觉得这些事情离自己很遥远，很多学生苦读多年才考上自己理想的大学，才到了可以自己渐渐独立的时候，却被"网络"影响了前程。因此大家在初中阶段就应该提高警惕，养成良好的上网习惯，网络一旦上瘾想戒掉会有一定难度，不要因为沉迷网络而自毁前程。

（2）沉迷网络，影响自己的身心健康。一名沉溺网络游戏虚拟世界的13岁男孩小艺（化名），选择一种特别造型告别了现实世界：站在天津市塘沽区海河外滩一栋24层高楼顶上，双臂平伸，双脚交叉成飞天姿势，纵身跃起朝着东南方向的大海"飞"去，去追寻网络游戏中的那些英雄朋友：大第安、泰兰德、复仇天神以及守望者……当时目睹这一惨剧的一位工人，事后这样向记者感叹："我从来没看见过这样一种奇怪的自杀，设计好那么标准的飞天姿势，而且带着笑脸，毫无痛苦！"近一时期，天津海河人家被这个花季少年的殒命深深地震撼着。尽管小艺之死已有一段时间，精神受到极大创伤的家人至今还沉浸在哀伤之中。5月16日下午，记者再次访问小艺的家人。他们一家刚刚搬离海河外滩那个"伤心之地"，暂时移居别处。

老师提问，老师可以问问同学们是否能分辨现实世界与虚拟世界?(案例中的小艺就是不能分辨清楚才走到这一步) 学生们纷纷回答“是”与“否”。

教师总结：网络游戏中有很多就是模仿现实生活，因此年龄较小的孩子不能分辨，再加上上初中的孩子刚刚开始叛逆，刚有自己的想法，会觉得很多人不理解他，这样他们更容易把自己放到游戏世界中去，认为自己是他们其中的一员，可是大家有没有想过自己的亲人，案例中的父母是多么可怜，每个人在这个社会中都是有责任的，不仅要为自己负责，更要为他人负责，不能仅仅为自己而活，要为家人、朋友、爱人而活，一个很有责任心的人是不会做出这样的事的，“责任”这个词对于你们来说体会可能不深，因为无论什么事情都有人替你负责，因为初中生年龄较小，但是自己的身体，自己一定要负责，要保护好自己，为自己也为他人。

(3) 沉迷网络，伤害他人性命。

2006 年 4 月 17 日，3 个 12 ~ 14 岁的学生因上网没钱，将一个看大门的老人打死，抢走 67.36 元钱，作案后，回到网吧继续上网。

2006 年 7 月 14 日，某市的一个 15 岁的少年因上网成瘾，整天迷恋于网络游戏，平时少言寡语，神情呆滞，长时间逃学。其母见儿子如此沉迷，多次劝阻无效，同其父商量好后，将儿子锁在家中。5 天后，这个少年因网瘾大发，开始焦躁不安，同其母争吵几句后，便将其母杀死，造成血案。

老师提问：“同学们看到以上两个案例，有什么想法吗?”大家相互讨论，交流一下彼此的建议。学生们在私底下讨论，交流彼此的感受与想法。老师可以提问几个平时比较爱上网的同学，让他们谈一谈自己的想法，甚至可以追问，如果是你，你会像案例中的学生一样吗?

老师总结：网络是“双刃剑”，你们刚刚接触世界、接触新鲜的事物，对网络充满好奇心也容易上瘾，这都是可以理解的，但是凡事要有度，网络中的游戏可以成为大家闲暇之余的娱乐，但是自己要有自制力，控制自己，不能眼中只有网络，只有游戏，甚至做出案例中伤害他人的行为，这是不能弥补的错误，等你们渐渐长大，渐渐懂事就会更深刻地理解，这种罪恶感会伴随你一生，因此大家一定要合理使用网络。

2. 沉迷网络带来的危害

（1）降低能力，影响学业。网络游戏题材丰富，像科幻、武打、比赛等，因此，一些游戏迷宁可不吃饭，也要省下钱进网吧过一把瘾，久而久之，就会玩物丧志、荒废学业。据调查表明，上网的中小学生有80%以上是打游戏，15%～16%是交友聊天，真正查询资料用于学习的为数极少。一方面，上网占用了青少年学习、休息的部分时间，造成青少年学习压力大、时间分配紧张等情况；另一方面，部分青少年由于深陷网络的虚拟世界，以至于在日常生活中，如上课、睡眠等，也常常想着上网，造成了精神不集中等情况。除了在精力方面，在身体健康上也受到了很大影响，集中表现在视力大幅度下降。与现实的社会生活不同，青少年在网上面对的是一个虚拟的世界，它不仅满足了青少年尽早尽快占有各种信息的需要，也给人际交往留下了广阔的想象空间，而且不必承担现实生活中的压力和责任。虚拟世界的这些特点，使得不少青少年宁可整日沉溺于虚幻的环境中而不愿面对现实生活。游戏成瘾是指长期迷恋计算机游戏，上课渐感注意力不集中，从而导致成绩下降。由于长时间沉迷于游戏机房，导致生活节律紊乱，一旦停止计算机游戏活动，便难以从事其他有意义的事情，情绪低落，思维迟缓，记忆力减退，出现难以摆脱的渴望玩游戏机的冲动，形成精神依赖和相应的生理反应。这些行为特征与毒品成瘾行为有着许多相似之处，是一种心理病理行为。

（2）心理病变——孤独症。青少年长时间上网，不仅影响学业，而且对心理健康也有一定的危害。在教学中可以发现，有些学生迷上网吧以后，不仅成绩下降，而且变得目光呆滞，沉默寡言，孤僻怪异，易暴易躁，让人不可捉摸，也不再与同学说笑玩耍了，经常一个人呆呆地发愣。举个例子，一个重点中学的尖子生，自从迷上网络游戏以后，一天短则两小时，长则四五个小时，花钱不少不说，问题是从此他就像换了一个人，一离开计算机，回到现实生活中就感到孤独，感到周围的人都很陌生，不愿再与他人交往，心理学家认为他患了一种“自闭症”。

（3）昼夜泡吧，摧残身体。青少年学生正是长身体的时候，如果不知饥渴、不分昼夜地泡吧，对其身体的危害不亚于大麻、白粉等毒物，这并非危言耸听。一名13岁中学生从家里偷出300元钱，在网吧玩游戏连续4

天4夜，由于网络游戏的激烈刺激和惊心动魄的打斗，使他血压升高，心跳过速，又加上过度疲劳，最后猝死网吧。

由于中学生心理不成熟、意志较弱，容易受网络的引诱而沉湎其中，诱发“网络心理障碍症”。“网络心理障碍”是指患者上网成瘾，无节制地花费大量时间和精力在互联网上持续进行聊天、玩网络游戏等活动，进而迷恋网络，离开网络就会产生各种病症，以致损害健康，造成人格障碍和神经系统失调。典型的表现是：厌食、失眠、精神萎靡、冷漠、孤僻、丧失兴趣，严重者甚至有自杀念头和自杀行为。中学生常见的网络心理障碍主要有孤独抑郁、游戏成瘾、色情成瘾、网恋等。

那些网络暴力游戏往往设置为积分制、对抗情景和类似于现实的场景，长时间感受这种近似逼真的体验，使青少年习惯了打打杀杀与血腥场面，已经分不清虚拟网络世界和现实世界，把游戏与实际生活混同，从而使他们的思想、情绪变化更剧烈，富于攻击性，暴力倾向更强，一旦他们在现实生活中体验到类似网络暴力的情感和环境时，往往容易丧失理智，毫不犹豫地把在虚拟游戏中的行为运用于现实中的人际冲突，导致一些悲剧发生，这正是当前青少年犯罪的一个重要诱发因素。

综上所述，沉迷网络使中学生身心不能健康地发展，学校和家庭必须加以正确教育、引导，同时同学们必须提高自己的心理素质、道德素质，提高辨别能力、选择能力，必须学会合理合时地正确使用计算机，发挥计算机应有的作用，真正学有所成。

【简要评析】

首先，我们从教学目标入手，第一部分由几个案例组成，教师与学生一起分析案例，并且最重要的是与学生多做交流，目标希望学生能认识到沉迷网络的危害性是那样具体，可以随时发生在任何不能自制的人身上。第二部分通过以上案例从中总结网络沉迷的危害性，属于知识的范围之内，也属于情感范围之内，了解危害性之后重要的是有正确的上网观念，达到情感的升华。其次，我们从教学内容入手，具体的案例生动的图片，可以让学生设身处地地想一想如果发生在自己身上会是怎样的结局，只有设身处地，学生才会真正了解到，沉迷于网络是多么可怕。

【例2】

沉迷网络要解决

(一) 教学目标

(1) 了解沉迷网络的表现，看看自己是否有类似的表现，帮助学生学会如何进行自我调节，学会用恰当的方法解决自己沉迷网络的问题。

(2) 使学生重客观认识网络并意识到沉迷网络是非常严重的事情，增强意识，树立正确的网络观。

(二) 教学课时

1 课时

(三) 教学过程

1. 内容导入

例 1 中，通过沉迷网络的案例分析，认识到沉迷网络的危害性；例 2 中，要讲解如何判断自己是否沉迷网络，并且为大家介绍一些简单的去除网瘾的方法，如果网瘾较轻，自己通过学习简单的办法就可以解决，如果自己不能解决，就要采取一些其他办法。

2. 网络沉迷的表现

2008 年年底，由解放军总后卫生部组织、北京军区总医院牵头制定的《网络成瘾临床诊断标准》将“每天上网超过 6 小时，且符合一定条件连续超过 3 个月，即为网络成瘾”作为临床标准，并将网瘾列为精神疾病。根据《网络成瘾临床诊断标准》，如果个人平均每天用于非工作学习目的连续上网超过 6 小时，且符合以下症状标准超过 3 个月，即为“网络成瘾”。

(1) 对网络的使用有强烈的渴求或冲动感。

(2) 减少或停止上网时会出现周身不适、烦躁、易激动、注意力不集中、睡眠障碍等戒断反应。上述戒断反应中，通过使用其他类似电子媒介(如电视、掌上游戏机等) 来缓解。

同时，以下 5 条至少符合 1 条:

①为达到满足感而不断增加使用网络的时间和投入程度；

②使用网络的开始、结束及持续时间难以控制，经多次努力后均未成功；

③固执地使用网络而不顾其明显的危害性后果，即使明了网络使用的危害仍难以停止；

④因使用网络而减少或放弃了其他兴趣、娱乐或社交活动；

⑤将使用网络作为一种逃避问题或缓解不良情绪的途径。

美国心理学会评估网瘾的鉴别标准：

①每个月上网时间超过144小时，即一天4小时以上；

②头脑中一直浮现和网络有关的事；

③无法抑制上网的冲动；

④上网是为逃避现实、戒除焦虑；

⑤不敢和亲人说明上网的时间；

⑥因上网造成课业成绩下降及人际关系紧张的问题；

⑦上网时间往往比自己预期的时间久；

⑧花许多钱在更新网络设备或上网上；

⑨花更多时间在网络上才能满足。

凡有5项以上的回答为“是”，即说明上网成瘾。

简单明了网瘾的标准：

①每天起床后，情绪低落，头昏眼花，疲乏无力，食欲不振，神不守舍，一旦上网则精神抖擞；

②无法控制自己的上网时间，一旦上网难以停止；

③不能上网时，明显感觉脾气暴躁、烦躁不安或情绪低落；

④性格渐渐孤僻，不愿意与他人交谈；

⑤严重的会出现舌头僵硬，出现幻觉，失去自制力，不由自主地有敲击键盘的行为。

上面有几种网络成瘾的标准，我们不难发现这几种网络成瘾的标准中有相同的标准，同学可以自己对照一下，看看自己是否有这样的表现，如果有一定要提高警惕，在症状比较轻的情况下及时地解决。

3. 网络沉迷的预防与解决方法

如果已经过了预防阶段，已经有沉迷网络的种种迹象，无论是青少年自己还是家长与教师，都应该团结在一起帮助孩子及早摆脱困境。下面为大家介绍一些治疗网络成瘾的方法。

心理治疗：对网络过度使用采用心理治疗是目前国内外比较通用和富有成果的方法。国外最早于20世纪90年代中后期开始这方面的研究，我国则是从近几年才开始。目前国内外应用比较多的心理治疗方法主要包括：认知行为疗法（CBT)、焦点解决短期疗法（SFBT)、家庭治疗、精神分析疗法、厌恶疗法、系统脱敏疗法、团体心理辅导法、强化干预法（包括奖励和惩罚)、转移注意力法、替代延迟满足法等。

(1) 认知行为疗法。认知行为疗法是心理治疗的常用方法。它包括认知治疗和行为治疗两部分，常使患者暴露于刺激之中，挑战上瘾者对网络的不适应性认知，并训练大脑以不同的方式进行思考。在治疗过程中，患者要接受心理医生教给的观念和行为，并反复加以练习以使大脑得到新的学习，久而久之这种练习就变成患者自发性或习惯性的行为。CBT包括给患者布置家庭作业，并要严格执行治疗方案。近年来，CBT已被学者和临床医生用于网络过度使用障碍的治疗中，成为治疗网络过度使用的主要方法。对于这种疗法的研究，美国学者金伯利·扬和加拿大学者戴维斯分别提出了自己的认知行为疗法，也是最为系统性和理论化的疗法。扬认为，由于互联网的社会性功能，因而很难对网络过度使用采取传统的节制式干预模式。在借鉴相关成瘾症的研究和治疗方法的基础上，扬提出了自己的认知行为治疗方法，主要分为8个步骤，分别是反向实践、外部阻止物、制定目标、节制、提醒卡、个人目标、支持小组和家庭治疗。他主要是从时间控制、认知重组和集体帮助的角度提出的一种方法，强调治疗应该帮助患者建立有效的应对策略，通过适当的帮助体系改变患者上网成瘾的行为。而戴维斯则根据他自己提出的“病态互联网使用的认知—行为模型”，提出了一套系统的治疗网络过度使用的认知行为疗法，他把治疗过程分为7个阶段，依次是定向、规则、等级、认知重组、离线社会化、整合和通告。戴维斯的整个治疗过程需要11周完成，从第5周开始给患者布置家庭作业。这种疗法强调厘清患者上网的认知因素，让患者暴露在他们最敏感的刺激面前，挑战他们的不适应认知，逐步训练他们上网的正确思考方式和行为。国内杜亚松报道以学校为基础的小组认知行为治疗对儿童和青少年的网络过度使用有效，尤其在改善成瘾者的情绪状态和行为的自我管理方面效果更为突出。

（2）团体心理辅导法。团体心理辅导法是心理咨询中常用的一种方法，它是由心理咨询者指导，借助团体的力量和各种个体心理咨询理论与技术，就团体成员面对的心理问题与他们共同商讨，提供行为训练的机会，为团体成员提供心理帮助与指导，使每一位团体成员学会自助，以此解决团体成员共同的发展或共有的心理障碍，最终实现改善行为和发展人格的目的。这种方法于20世纪90年代被介绍到我国。近年来，随着越来越多的青少年陷入网络中不能自拔，一些学者如樊富珉、杨彦平、乐国林等将这种方法推广到防治青少年的网络过度使用中来，取得了比较积极的效果。网络过度使用的团体心理辅导有一套系统的咨询程序。它包括：团体咨询目标、求询者网络心理障碍的预处理、确定团体的规模与结构、确认团体心理咨询的咨询间隔时间和咨询方式、制订计划和确定团体活动内容、团体心理咨询过程或会面等。对网络过度使用者进行团体心理辅导的目的在于协助网络过度使用者从失序的上网行为与失序的生活中回归次序与平衡。辅导的目标不是戒除上网，而是合理地上网，可以有节制地上网，以安排上网与非上网的时间，可以将网络世界与真实世界加以统合并达到协调与平衡。

药物治疗：就目前医学界关于药物防治网络过度使用的实践情况来看，用于治疗网络过度使用的药物主要为抗抑郁药和情绪稳定药这两大类。药物疗法之所以能在一定程度上起到戒除网瘾的目的，根据目前医学界的研究认为，人体内存在一个“奖赏系统”，这个系统的物质基础主要是多巴胺、乙酰胆碱等多种神经递质，它可以起到调控人的情绪的作用，使人在短时间内高度兴奋。毒品，如海洛因，通过外源性的物质提高体内多巴胺等神经递质的含量，使人产生快感。而网络、赌博等行为依赖者是通过内源性物质导致机体内多巴胺等神经递质的含量增加。采用抗抑郁类药和稳定心情类药则是通过抑制多巴胺等神经递质的产生，减少人的兴奋度，从而起到戒除网瘾的目的。就临床效果来看，如果使用得当，能够取得比较理想的效果。

【简要评析】

首先，从教学目标来看，了解沉迷网络的表现，看看自己是否有类似的表现，并且介绍一些治疗网聊沉迷的方法，帮助学生学会如何进行自我调节，学会用合理的方法解决自己沉迷网络的问题，使学生重视起来，沉迷网络是件非常严重的事情，增强意识，树立正确的网络观。从教学内容来看，首先，介绍了几种网络沉迷的判断标准；其次，为大家介绍了网络成瘾的治疗办法，内容也比较全面。这节课也有不足的地方，大部分青少年并没有特别严重的网络成瘾的表现，治疗方法对于他们不一定合适，教师需要酌情讲解一些简单的方法。

三、教学素材

相关案例

现如今，越来越多的青少年沉迷于网络，已经成了严重的社会问题，沉迷网游花费惊人，除身体上的病患，网游还给青少年的家庭带来沉重的经济负担。

来自浙江的一个少年，买装备、请代练花掉10多万元，这些钱主要是通过逼迫家长的方式得到。在北京一家网吧内，网游发烧友小伟接受了记者的采访。小伟说，他一年前开始玩网络游戏《梦幻西游》。他在游戏中所练的角色，已经是所在区的第一名。小伟说，他练这个号已经花掉了5万多元，最初是自己上网练号，曾经几天几夜不睡觉，饿了就吃方便面，夜以继日地练号，使他在网络游戏中的角色排名越来越靠前。为了保住自己的“江湖地位”，小伟开始委托代练公司替他练号，代练公司的几个人24小时不下线，替小伟在网上打游戏。“玩游戏不仅是寻求在网上玩的乐趣，更大的快感是自己在网游世界中得到别人的承认。我委托代练公司帮我练号，每天给他们100元钱，这样我不用自己上线玩，我的角色也可以升级。”小伟说，目前他是所在区的第一名，游戏中帮派之间的战争他必须出场，“有龙头老大的感觉”。另外，小伟为提升角色的能力，还在网上花钱买装备，现在他的游戏角色的装备价值近万元。据一位资深网络游戏玩家估算，在《梦幻西游》玩一个155级的顶级角色，按每天在线10个小时，需要练半年左右，游戏中开销、花费点卡和在网络上购买装备总计1.2万元左右。

戒除网瘾漫长而痛苦，北京军区总医院网络成瘾治疗中心收治的2 000多个网瘾少年中，有38%因为父母阻止他们玩网游而骂过父母，来自安徽、湖南、北京的几个孩子甚至用刀砍过父母。长期玩网游的孩子失去正常人的情感，处于麻木状态，单纯依靠反沉迷系统的硬性限制是不够的。“反沉迷系统更多的是预防未成年人玩网游上瘾，对于已成瘾少年，需要多重力量联合救助。”陶然说。北京军区总医院网络成瘾治疗中心统计数据显示，网瘾少年每天上网时间超过10小时。在治疗中心时，这些孩子表现为焦躁不安，无法自控。因为网瘾是一种心理疾病，无专门治疗网瘾的药物，只能用一些治疗心理疾病的药物辅助治疗，更多的是采用“健康行为覆盖”的方式，通过军训、音乐、绘画等方式慢慢缓解孩子的网瘾。陶然说，2 000多例网瘾少年中的30%以上属于痴迷网游型，在治疗中心经过长达两个多月的治疗还是无法戒除网瘾，一些戒除掉网瘾的少年在回家后又重新上瘾。“戒除网瘾更多需要家长的合理管教，不要通过极端的方式教育孩子。”对此，成功帮助儿子戒除网瘾的畅占亭说：“我帮儿子戒掉网瘾的过程，跟儿子成为朋友是非常重要的一步，然后才能培养他的其他兴趣，最终彻底戒除网瘾。”目前，更多的社会力量加入帮助青少年戒除网瘾的过程中。北京、河南、广州、山东、湖北等地都已有了戒除网瘾训练营。

四、知识链接

如何治疗网络成瘾

网络成瘾是一种心理障碍，不仅不利于个体的健康发展，还成为一种日益严重的社会问题。它的形成既有网络传播特性的原因，也有个体自身人格缺陷和现实社会生活压力的原因。

具体来讲，可以采用以下几种方法治疗网络成瘾。

1. 厌恶疗法

厌恶疗法，也叫作厌恶性条件法，是一种较为常用的行为治疗技术，其做法为将要戒除的目标行为（或症状）与某种不愉快的或惩罚性的刺激结合起来，通过厌恶性条件作用，达到使患者最终因感到厌恶而戒除或减少目标行为的目的。作为厌恶性刺激的，可以是药物、电击等，也可以是想象的厌恶性刺激，都可以矫正不良行为。

（1）药物厌恶法。具体方法就是利用一些催吐药物造成难以忍受的恶心、呕吐、发颤等症状，与需要接触的目标行为结合，从而矫正不良行为。首先，把计算机、网络看作条件刺激，把见到计算机就要上网及从事与网络有关的行为看作习得性的条件反应，也就是需要矫正的目标行为；其次，用催吐药物（如阿朴吗或吐根碱）作为无条件刺激，以引起个体的痛苦反应，即恶心、呕吐等无条件反应；最后，结合网络成瘾者的上网习惯，在他控制不住、非常想要上网的时刻，先让其服用催吐药物，在即将出现恶心、呕吐时，再让他上网，接着由于药物的作用，便会发生强烈的恶心、呕吐等厌恶反应。这样，每天一次，直到网络成瘾的大学生对网络产生厌烦为止，并自动地戒除网瘾。

（2）想象厌恶法。有治疗者口述某些厌恶情境，与网络成瘾者想象中的“网络成瘾”的情境联系起来。如假设网络成瘾者沉溺于网络游戏，治疗者可以指导他，每当他出现这方面的欲望或行为时，要他立即闭上眼睛，想象眼前站着一位使他感到害怕的人或动物，如他的威严的父亲或老师等；也可以想象出现使他感到恐怖的电影等情节。不断地加以刺激、强化、反馈，最终使网络（条件刺激）与恐怖情景（无条件刺激）之间建立固定联系，以此来戒除网络成瘾行为。

2. 系统脱敏法

系统脱敏法，也叫交互抑制法，这种方法是诱导患者缓慢地暴露于导致神经症焦虑的情境，并通过心理的放松状态来对抗这种焦虑情绪，从而达到消除焦虑习惯的目的。作为大学生网络成瘾者，有大部分的人并非不知道网络成瘾的危害性，只是他们对自己的行为失去控制，正如有些大学生网络成瘾者所说：“我每天都要摸一下键盘，每天都要到网上去转一圈，一旦上网，想下来就难。我也知道这样做不对，可是控制不住，关闭网络后，仔细想想，也觉得很没意思，所以感到焦虑。”对此，我们可以依据沃尔普的理论进行脱敏治疗。他认为人的肌肉放松与焦虑是两个对抗过程，两者不能相容，一种状态出现，必然会对另一种状态产生抑制作用，即交互抑制。因此，要让患者学会某一肌肉放松技术，进而有效地治疗。①

① http：//zhidao. baidu. com/link？ url = cOp8K - w - sRP - VIS1dtmbGg0jtg1yNPRLpmME6Sa_mu0OY - AR6To3YxZ0MOFiX - fmN7Uo6XrueGqiesio43h71.

第五部分

预防和应对自然灾害类事故

内容提要

本部分是针对初中生如何对自然灾害类事故的预防和应对来叙述的，主要包括三课，分别是沙尘暴来不慌张、泥石流到心不伤和雷电常识须牢记。每课都结合了初中生的心理特点与接收能力，基于初中生的视角下对沙尘暴、泥石流以及雷电三类自然灾害进行了深度剖析，如此类自然灾害的概念、产生的原因、影响、如何预防以及灾难来时如何应对等，借以有效地帮助初中生了解此类自然灾害，让其学会在灾害来临之前更好地做好预防，在灾害来时临危不惧，懂得更好地保护自己。

第一课　沙尘暴来不慌张

一、教学内容

沙尘暴是风蚀荒漠化中的一种天气现象，是沙暴和尘暴两者兼有的总称，是指强风把地面大量沙尘物质吹起并卷入空中，使空气特别混浊，水平能见度小于一千米的严重风沙天气现象。其中沙暴系指大风把大量沙粒吹入近地层所形成的挟沙风暴；尘暴则是大风把大量尘埃及其他细颗粒物卷入高空所形成的风暴。沙尘暴天气主要发生于冬春季节，这是由于冬春季干旱区降水甚少，地表异常干燥松散，抗风蚀能力很弱，在有大风刮过时，就会将大量沙尘卷入空中，形成沙尘暴天气。

从全球范围来看，沙尘暴天气多发生在内陆沙漠地区，源地主要有非洲的撒哈拉沙漠，北美中西部和澳大利亚也是沙尘暴天气的源地之一。我国西北地区由于其独特的地理环境，也是沙尘暴频繁发生的地区，主要源地有古尔班通古特沙漠、塔克拉玛干沙漠、巴丹吉林沙漠、腾格里沙漠、毛乌素沙漠等。

然而近些年来，沙尘暴现象越来越严重。经统计，20 世纪 60 年代特大沙尘暴在我国发生过 8 次，70 年代发生过 13 次，80 年代发生过 14 次，而 90 年代至今已发生过 20 多次，并且波及的范围越来越广，造成的损失越来越大，从而受到极大的关注。

（一）沙尘暴的成因分析

1. 天气成因

有利于产生大风或强风的天气形势，有利的沙、尘源分布和有利的空气不稳定条件是沙尘暴或强沙尘暴形成的主要原因。强风是沙尘暴产生的动力，沙、尘源是沙尘暴产生的物质基础，不稳定的热力条件有利于风力加大、强对流发展，从而夹带更多的沙尘，并卷扬得更高。除此之外，前期干旱少雨，天气变暖，气温回升，是沙尘暴形成的特殊气候背景；地面冷锋前对流单体发展成云团或飑线是有利于沙尘暴发展并加强的中小尺度系统；有利于风速加大的地形条件即狭管作用，是沙尘暴形成的有利条件之一。在极有利的大尺度环境、高空干冷急流和强垂直风速、风向切变及热力不稳定层结条件下，引起锋区附近中小尺度系统生成、发展，加剧了锋区前后的气压、温度梯度，形成了锋区前后的巨大压温梯度。在动量下传和梯度偏差风的共同作用下，使近地层风速陡升，掀起地表沙尘，形成沙尘暴或强沙尘暴天气。

2. 人为成因

很久以来，干旱半干旱地区的生态环境脆弱，其植被极易被破坏而难以恢复，再加上这些年来的毁林毁草，开荒、过度放牧等人为破坏活动，造成了土地沙化面积不断扩展，这就为扬沙浮尘的天气提供了主要的土沙物质。

沙尘暴就是这样形成的。总之，沙尘暴的形成需具备以下四个条件。

一是地面上的沙尘物质，它是形成沙尘暴的物质基础。

二是大风，这是沙尘暴形成的动力基础，也是沙尘暴能够长距离输送的动力保证。

三是不稳定的空气状态，这是重要的局地热力条件。沙尘暴多发生于午后傍晚，说明了局地热力条件的重要性。

四是干旱的气候环境，沙尘暴多发生于北方的春季，而且降雨后一段时间内不会发生沙尘暴则是很好的证据。

（二）沙尘暴的危害

1. 生态环境恶化

出现沙尘暴天气时，狂风裹的沙石、浮尘到处弥漫，凡是经过地区空气混浊，对人的刺激性强，呼吸道等疾患者数增加。如 1993 年 5 月 5 日发生在甘肃省金昌市的强沙尘暴天气，监测到的室外空气含尘量为 1 016 毫米/立方厘米，室内为 80 毫米/立方厘米，超过国家规定的生活区内空气含尘量标准的 40 倍。

2. 生产生活受影响

沙尘暴天气携带的大量沙尘蔽日遮光，天气阴沉，造成太阳辐射减少，几小时到十几个小时恶劣的能见度，容易使人心情沉闷，工作学习效率降低。轻者可使大量牲畜患呼吸道及肠胃疾病，严重时将导致大量牲畜死亡、刮走农田沃土、种子和幼苗。沙尘暴还会使地表层土壤风蚀、沙漠化加剧，覆盖在植物叶面上厚厚的沙尘，影响正常的光合作用，造成农作物减产。

3. 生命财产损失

1993 年 5 月 5 日，发生在甘肃省金昌、威武、民勤、白银等地市的强沙尘暴天气，受灾农田达 253.55 万亩，损失树木 4.28 万株，造成直接经济损失达 2.36 亿元，死亡 50 人，重伤 153 人。2000 年 4 月 12 日，永昌、金昌、威武、民勤等地市强沙尘暴天气，据不完全统计，仅金昌、威武两地市直接经济损失就达 1 534 万元。

4. 影响交通，易造成飞机、汽车等交通事故

沙尘暴天气会造成飞机不能正常起飞或降落，使汽车、火车车厢玻璃破损、停运或脱轨，严重的沙尘暴还会造成严重的人员伤亡。

5. 危害人体健康

当人暴露于沙尘天气中时，含有各种有毒化学物质、病菌等的尘土可透过层层防护进入口、鼻、眼、耳中。这些含有大量有害物质的尘土若得不到及时清理，将对这些器官造成损害，或病菌以这些器官为侵入点，引发各种疾病。

（三）初中生对沙尘暴的预防和应对措施

1. 沙尘暴来前准备

（1）注意各种媒体关于沙尘暴最新消息和防风通知的报道。

（2）关紧门窗，预报有强沙尘时，可用胶条对窗户进行封闭。固紧易被风吹动的搭建物，妥善安置易受沙尘暴影响的室外物品。

（3）检查房屋是否牢固安全，如果是危旧房屋，应马上转移避险。

（4）学校应采取暂避措施，建议停课。

（5）露天集体活动或室内大型集会应及时停止，并做好人员疏散

工作。

（6）准备口罩、纱巾等穿戴防尘防风物品。

2. 突如其来沙尘暴如何应对

（1）待在室内，最好是地下室。特别是抵抗力较差的老年人、婴幼儿以及患有呼吸道过敏性疾病的人群，更应该待在门窗紧闭的室内。

（2）如果在室外，要远离树木和广告牌，蹲靠在能避风沙的矮墙处，趴在相对高坡的背风处，或者抓住牢固的物体，绝对不要乱跑乱窜，以免被狂风卷走或者被沙尘埋没。

（3）在有强沙尘时建议学校停课。

（4）尽量减少外出。如果因需要必须外出，开车、骑车要减速慢行，尽量避免骑自行车。

（5）如果因需要必须在室外活动，可用湿毛巾、纱巾保护眼睛和口，最好穿戴防尘的衣服、手套、口罩、眼镜等物品。

（6）回到房间后应及时清洗面部。房间内落满灰尘，要及时用湿抹布擦拭清理干净。

（7）要多喝水，多吃清淡食物，不要购买街头露天食品。此外，也可在室内使用空气加湿器，以保持室内空气清新适宜。

（8）一旦发生慢性咳嗽伴咳痰或气短、发作性喘憋及胸痛时，均需尽快就诊。

（9）尘土迷眼时千万不要揉。一旦尘土入眼，自我解决方法如下：一是立即把眼睛闭起来，稍低头，再眨动眼皮，让沙尘随泪水冲到眼角而流出来。二是求助他人：如果自己的眼泪无法将尘土冲出，可请人帮助。①救助者先用肥皂和清水洗手，然后检查伤者的眼睛；②翻转上眼皮，用消毒棉签或干净手绢叠出一个棱角轻轻拭出异物，并及时点几次抗生素眼药水以预防感染；③如果尘土仍没有除去，可用杯、瓶等容器将温水倒入睁开的眼睛，冲走异物。

二、教学设计

【例1】

远离沙尘暴，感悟大自然

（一）教学目标

（1）了解沙尘暴的成因，知道沙尘暴给人类及环境带来的危害，使学生掌握沙尘暴预防与应对的基本措施。

（2）利用课堂学习使学生学会自主探究、合作交流等。

（3）树立环境保护意识与责任感。

（二）教学内容

沙尘暴的成因、危害以及预防和应对措施。

（三）教学课时

1课时

（四）教学准备

（1）教师收集沙尘暴相关案例，例如，文字资料、图片资料以及视频资料，制作内容丰富、生动形象的课件以辅助课堂教学。

（2）教师准备模拟观察实验用具。

（五）教学过程

1. 导入问题

一般我们所熟知的天气灾害除了台风、海啸、龙卷风之外，最近几年我们常听到“沙尘暴”这个词，在北方，尤其是西北、华北它都是一个不可小视的问题。借此机会，让我们一起来揭开沙尘暴的神秘面纱，了解它对我们日常生活可能造成的影响，并深入探究此事件背后更深层的环境问题。

2. 切入主题

沙尘暴从字面上我们大概可以想象到一片漫天飞沙的画面，那么它到底是什么样的呢？下面我们就来关注一下沙尘暴的图片及相关报道（课件）并简要地完成以下问题：（课件）

（1）什么是沙尘暴？它的形成是怎样的？

（2）沙尘天气分为哪几种？

（3）沙尘暴最容易发生在哪个季节？

（4）沙尘暴的来源主要在哪些地方？

（5）沙尘暴的主要危害是什么？

对沙尘暴有了基本认识之后，你们对它的形成过程与运动机制了解吗？我们用一个自制装置来模拟观察（实验）并讨论以下几个问题（课件）。

（1）要让沙尘飘起来需要具备哪些条件？

（2）沙尘如何在空间中扩散？

（3）沙尘为什么沉降下来？

那么何种环境可以提供大量的尘沙？我们来比较一下各种植被的抗蚀能力。(课件)

①裸地　②农地　③草地　④林地

通过以上介绍，我们知道沙尘暴的影响是不可小视的，对此，我们可采取的环保行动有哪些？请同学回答，教师做补充说明（课件）。

3. 知识扩展

通过以上的学习，我们可知植被破坏与沙尘暴有着直接的关系，那么我要问大家，既然沙尘暴的发源地在沙漠地带和干旱、半干旱地区，那么远在海外的我国台湾地区和日本会不会发生沙尘天气呢？

在这里，老师要向大家介绍一个概念：全球行星风系的定义，地表上的大地因受热不同，造成各地气压差别，所以有风的产生。风在流动时受摩擦力及科氏力等的影响，发生阻滞及偏向作用。同时在流动过程中因温度的改变，空气又有了上升及下沉运动，致使地球上的风系和气压分布日趋复杂。这些以全球为范围、风向固定的风系就是行星风系。因受中国东半部大气环流及西风带的影响，风从陆地吹向海洋，其踪迹绵延数千里，卫星观测表明，来自塔克拉玛干、巴丹吉林沙漠、黄土高原的浮沉能漂流到日本、朝鲜，最远则可到达夏威夷。

4. 教师小结

通过今天的学习，我们对沙尘暴有了一定程度的了解，同学们，只要我们自己做到爱护环境，关爱大自然，我们不必惧怕沙尘暴的到来，勇于面对一切自然灾害。最后，希望在大家的努力下，能恢复到“风吹草低见牛羊”的景象，重新还地球一片蓝天。

【简要评析】

本堂课教师在教学工具上，能够充分利用一系列的图片展示、实验互动以及相关资料介绍，让学生更切身地体会到关于沙尘暴的知识以及它对我们产生的影响等。达到了本节课预期的教学目标，学生能够牢记如何预防和应对沙尘暴这一自然灾害。在思维拓展方面，本堂课的教学设计不仅能够拓宽学生的眼界，使其不局限于关于沙尘暴的理论知识记忆，同时可以让学生更愿意对沙尘暴等相关自然灾害的产生缘由、特征等边缘知识进行深究挖掘，最重要的一点是教会学生认识到环境保护的必要性。在学习理论知识与实践知识的基础上，爱护环境、爱护自然、爱护我们的家园！

【例2】

哭泣的自然——沙尘暴

（一）教学目标

（1）了解沙尘暴发生的原因、危害及治理措施。在学习中提升自身分析问题、解决问题的能力。

（2）使学生学会观察与思考，在学习的过程中开阔视野，自主探究，加强小组合作。

（3）引导学生关注自然；帮助学生认识到目前环境的破坏带来的灾难性后果；使学生深切感受到人类生存的危机，培养学生关心热爱大自然，保护大自然，保卫人类家园的情感。

（二）教学内容

沙尘暴产生的原因、危害及治理措施。

（三）教学课时

1课时

（四）教学准备

（1）教师准备有关沙尘暴的案例、图片、视频等，制作形象生动的课件以辅助教学。

（2）学生课前进行调查研究，收集有关沙尘暴的信息，课前准备好调查的文字、图片等资料。

(五)教学过程

1. 创设情境,导入主题

教师播放有关“沙尘暴”的新闻报道(课件),给学生以视觉、听觉上的冲击,引发学生的关注与思考,师生小结引入课题。

2. 确定问题,自主探究

教师帮助学生确立自主探究的问题,学生分成4个小组进行探讨,在学生自主探究的过程中给予必要的指导和帮助:(课件)

◇沙尘暴的定义是什么?

◇沙尘暴产生的原因是什么?

◇沙尘暴带来的危害是什么?

◇如何防治沙尘暴?

3. 交流合作,发表感悟

(1) 教师组织学生进行交流,并对交流进行点评和引导,以保证交流的正确性和方向性。

(2) 在学生交流过程中进一步提出问题让学生讨论,引发学生深层次的思考。

(3) 教师提出建议性问题:

◇如何看待治理和发展?

◇你能为环保做些什么?

(4) 教师给予评价并进行综合讲解(课件)。

4. 知识升华,拓展训练

判断题

(1) 在长春地区发生多为浮尘与扬沙天气。 (√)

(2) 沙尘暴是一种自然天气状况,与人类的活动没有关系。 (×)

(3) 沙尘暴为人们带来的全是危害,没有任何好处。 (×)

(4) 在沙尘天气中外出要戴上口罩和防尘用具。 (√)

(5) 在治理沙尘暴的过程中要完全放弃经济利益。 (×)

思考题

(1) 通过本节课的学习,你对环境保护有什么新的认识?

(2) 通过本节课的学习，你认为自己在哪些方面存在不足，需要如何改进？

5. 课堂小结

人类的生存与发展，离不开丰富的自然资源，离不开良好的自然环境。通过今天的学习与探讨，我们从沙尘暴的频发，清醒地认识到我们面临着严峻的环境形势，人类对自然资源的破坏，恰恰又反过来受到了大自然的报复，严重制约了经济的发展和人民生活质量的提高。因此，同学们必须热爱大自然，保护环境义不容辞、刻不容缓，我们要走可持续发展的道路。

【简要评析】

从教学工具的选择来看，本堂课能够充分利用多媒体资源，比如，案例、图片、视频等辅助手段来激发学生的求知欲；从教学内容的设计来看，该节课能够准确把握重点、难点，教学内容丰富、主次分明并贴近学生的实际生活。从教学方法的运用来看，教师创设情境，提供给学生自主探究、合作交流的机会，让学生学会主动参与、自主学习，同时在学习交流中懂得互助合作，多法配合，优化组合。从整体的教学环节来看，本节课清晰、完整、具体，能够活化教学内容，使之生活化，开放性、民主性、多样性相结合。在本堂课学习目标习得的基础上，还运用判断题与思考题的形式对所学知识进行了拓展与升华，有助于增加学生的知识储备量，发散学生的思维能力。

三、教学素材

相关案例

1995 年 11 月 7 日，山东省 40 多个县（市）遭受暴风袭击，35 人死亡，121 人失踪，320 人受伤，直接经济损失达 10 亿多元。1996 年 5 月 29 日至 30 日，自 1965 年以来最严重的强沙尘暴袭掠河西走廊西部，黑风骤起，天地闭合，沙尘弥漫，树木轰然倒下，人们呼吸困难，遭受破坏最严重的酒泉地区直接经济损失达两亿多元。

2000年3月22日至23日，内蒙古自治区出现大面积的沙尘暴天气，部分沙尘被大风携至北京上空，加重了扬沙的程度。3月27日，沙尘暴又一次袭击北京城，局部地区瞬时风力达到8~9级。正在安翔里小区一座两层楼楼顶施工的7名工人被大风刮下，其中两人当场死亡。一些广告牌被大风刮倒，砸伤行人，砸坏车辆。

2010年4月24日，甘肃遭遇2010年第三次区域性的沙尘暴天气过程。敦煌、酒泉、张掖、民勤等13个地区出现沙尘暴、强沙尘暴和特强沙尘暴，其中民勤县在当天傍晚时分的能见度接近0米。资料显示，这次大风特强沙尘暴是民勤县有气象记录以来最强的一次。由于当地气象部门预报准确及时，灾害天气未造成民勤县人员伤亡，因强风引起的13处明火亦被及时扑灭。

2010年4月26日，河北保定、石家庄、衡水、邢台、邯郸和张家口地区有76个县市遭遇大风袭击，最高风速达30米/秒，风力为11级。冀东南13个县市出现沙尘暴、12个县市出现雷暴，其中平乡、广宗、威县出现能见度小于500米的强沙尘暴。27日上午，记者从甘肃省民政厅了解到最新消息，甘肃省武威等六市遭受强沙尘暴灾害，据统计共造成直接经济损失9.37亿元。

2014年4月23日，新疆尉犁县遭遇强沙尘暴。据尉犁县气象局消息，当日9点30分该县风力已达8级；12时县域内能见度几乎为零，昏天黑地，白天瞬间变黑夜。受沙尘暴影响，该县路灯、学校、小区、商铺等停电；客运站班线车、出租车被迫暂停运营，交警大队出动全体警力，在县城、农村重点路段设立执勤点对过往车辆进行指挥疏导；棉花、设施大棚均受其影响。据网易新闻等报道，内蒙古中西部地区因24日遭遇入春以来最大的沙尘暴袭击，已有508公顷农田受灾，具体受灾金额正在进一步统计中。24日，内蒙古自西向东出现大风扬沙天气，主要受沙尘天气影响的地区有阿拉善盟、乌海市、巴彦淖尔市、鄂尔多斯市、包头市、呼和浩特市、乌兰察布市等地。最大风力达7级以上，戈壁地区风力达8级以上，能见度小于 1 000 米，气温已下降到 0℃以下，阿拉善盟阿左旗、乌海市等地下午出现雨雪。

四、知识链接

应对沙尘暴，各国有妙招

美国：“天地结合”降沙尘。为了控制大平原的土地荒漠化和沙尘暴，美国进行了一场旷日持久的生态保卫战，从多年的惨痛教训中，美国摸索出了一套全方位作业的防沙经验，并成功减少了沙尘暴的发生次数。美国治理沙尘暴的最强招数是“天地结合”，将天气预报和地面治理结合起来。每次强风到来之前，气象部门提前 48 小时准确预测强风的行走路径，然后在其经过的地区对裸露的耕地进行喷灌，使之湿润结实，切断风沙源。

澳大利亚：围绕牧场治沙。澳大利亚的土地荒漠化主要体现在草场的退化上，因此，澳大利亚对沙尘暴的治理主要围绕牧场进行。澳大利亚对牧区治沙，严格实行轮牧。此外，大力推广圈养。为了防止羊群将草连根拔起，破坏植被，澳大利亚政府还大力推行圈养，通过割草圈养牲畜，保留了草根，也就起到了固沙的作用。澳大利亚养畜非常严格，养什么、养多少不是由农场主自行决定。澳大利亚政府每年都要对各牧场做一次普查，以确定次年的载畜量。而在同一个畜群里，牛、羊的数量搭配也是经过科学测算的，从而达到生态效益和经济效益的有机结合。

中东：黄金铺就绿色。为了保护脆弱的生态环境，中东各国根据各自不同的情况采取了一些沙尘暴的防治措施：制定禁止开垦牧场的法律法规，建立牧场保护区。目前，仅在叙利亚和约旦，这种牧场保护区就超过 60 个，但是这些计划大多没有显著效果，牧场还在继续恶化，其主要原因是这些生态系统极易受到破坏，而且畜牧量也大大超出这一地区的土地承受能力。斥巨资绿化城市，这主要聚集在盛产石油的海湾国家。像多哈、迪拜等城市，绿化都非常好，而绿化和护理费用也是不菲，可以毫不夸张地说，海湾国家每一块绿色就是一块黄金。节水保护生态，这主要是在以色列。与海湾国家不同，以色列不盛产石油，但这个沙漠国家利用雄厚的经济实力和尖端的农业技术，大力推行滴灌等节水技术。

中国：京津周边建生态屏障。苏联的北哈萨克斯坦草原，已变成了世界四大沙尘源地之一。为了治理沙尘源区，当地政府开始沿着草原区和森林草原区，营造规模巨大的防护林带。同时还采取飞机播绿、调整农业结构等方式进行沙尘暴的治理。经过这么多年的治理后，现在北哈萨克斯坦草原虽然还有沙尘暴，但与大开荒时相比，沙尘暴发生的次数和规模都大幅度降低。中国政府早在1996年就开始了对沙尘暴的研究，并提出了如何减缓沙尘暴影响的对策。在北京北部的京津周边地区建立以植树造林为主的生态屏障。在内蒙古浑善达克中西部地区推动以退耕还林为中心的生态保护带。在河套地区和沙化土地地区以保护水资源和天然绿洲为中心，控制沙化土地扩大，保住天然绿洲，逐步扩大人工林面积。

第二课　泥石流到心不伤

一、教学内容

泥石流是指在山区或者其他沟谷深壑、地形险峻的区域，因为暴雨暴雪或其他自然灾害引发的山体滑坡并携带有大量泥沙以及石块的特殊洪流。泥石流具有突发性以及流速快、流量大、物质容量大和破坏力强等特点。发生泥石流常常会冲毁公路、铁路等交通设施甚至村镇等，造成巨大损失。典型的泥石流由悬浮着粗大固体碎屑物并富含粉砂及黏土的黏稠泥浆组成。在适当的地形条件下，大量的水体浸透山坡或沟床中的固体堆积物质，使其稳定性降低，饱含水分的固体堆积物质在自身重力作用下产生运动，就形成了泥石流。泥石流是一种灾害性的地质现象。泥石流经常突然暴发，来势凶猛，可携带巨大的石块，并以高速前进，具有强大的能量，因而破坏性极大。

它暴发突然、来势凶猛，具有很强的破坏力。泥石流流动的全过程一般只有几个小时，短的只有几分钟。泥石流是一种广泛分布于世界各国一些具有特殊地形、地貌状况地区的自然灾害，是山区沟谷或山地坡面上，由暴雨、冰雪融化等水源激发的、含有大量泥沙石块的介于挟沙水流和滑坡之间的土、水、气混合流，泥石流大多伴随山区洪水而发生。它与一般洪水的区别是洪流中含有足够数量的泥沙石等固体碎屑物，其体积含量最少为15%，最高可达80%左右，因此比洪水更具破坏性。

（一）泥石流形成的条件

1. 地形地貌条件

在地形上具备山高沟深、地形陡峻、流域形状便于水流汇集等特点。在地貌上，泥石流的地貌一般可分为形成区、流通区和堆积区三部分。上游形成区的地形多为三面环山，一面出口为瓢状或漏斗状，地形比较开阔，周围山高坡陡、山体破碎、植被生长不良，这样的地形有利于水和碎屑物质的集中；中游流通区的地形多为狭窄陡深的峡谷，谷床纵坡降大，使泥石流能迅猛直泻；下游堆积区的地形为开阔平坦的山前平原或河谷阶地，使堆积物有堆积的场所。

2. 松散物质来源条件

泥石流常发生于地质构造复杂、断裂褶皱发育、新构造活动强烈、地震烈度较高的地区。地表岩石破碎，崩塌、错落、滑坡等不良地质现象发育，为泥石流的形成提供了丰富的固体物质来源。另外，岩层结构松散、软弱、易于风化、节理发育或软硬相间成层的地区，因易受破坏，也能为泥石流提供丰富的碎屑物来源；一些人类工程活动，如滥伐森林造成水土流失，开山采矿、采石弃渣等，往往也为泥石流提供了大量的物质来源。

3. 水源条件

水既是泥石流的重要组成部分，又是泥石流的激发条件和搬运递质(动力来源)，泥石流的水源，有暴雨、冰雪融水和水库溃决水体等形式。我国泥石流的水源主要是暴雨、长时间的连续降雨等。泥石流的主要危害是冲毁城镇、企事业单位、工厂、矿山、乡村，造成人畜伤亡，破坏房屋及其他工程设施，破坏农作物、林木及耕地。此外，泥石流有时也会淤塞河道，不但阻断航运，还可能引起水灾。影响泥石流强度的因素较多，如泥石流容量、流速、流量等，其中泥石流流量对泥石流灾害程度的影响较大。此外，多种人为活动也在多方面加剧着上述因素的作用，促进泥石流的形成。

（二）泥石流到来莫惊慌

预防山体滑坡、泥石流是关系到师生生命安全和国家财产安全的重要工作，也是学校综合治理工作的重要内容。

1. 泥石流发生前的预防措施

（1）研究解决遭受山体滑坡、泥石流等自然灾害学校处理中的问题，确保事故处理工作迅速有效开展，减少人员伤亡，避免事故扩大，力争把损失降到最低限度，妥善处理善后事宜。

（2）检查督促存在隐患的各校做好预防和应急处置工作，及时有效控制事故的扩大蔓延，检查事故发生学校的整改情况。

（3）调查中学生上学、放学必经的路线和学校周边的山体情况，根据情况采取相应的防范措施。

（4）发生山体滑坡、泥石流险情时，教导中学生必须坚持生命第一的原则，尽力采取保护和自救措施。

2. 泥石流发生时的应急措施

（1）当学校或学生上学放学沿途发生山体滑坡、泥石流险情时，要及时向教育局和当地政府相关部门报告。具体程序如下：班主任、教师（或接到学生报告的教职工）→校长→当地政府主要领导→县教育局。

（2）在进行安全转移的过程中，学生要听从教师或指导人员的指挥，不慌不忙，保持秩序，有组织地转移到牢固的楼房或附近居民家中，尽最大努力避免学生伤亡事故的发生，确保安全。学校物资要根据可能出现的灾情，制定应急措施，按照转移、垫高或转放楼上等方法制订预案，其中易爆、易燃、危险化学品等要按数登记造册，严格管理，贵重物品转移楼上明确由专人负责。

3. 泥石流发生后的措施

（1）在泥石流之后，学校的教室会受到破坏，上课地点及日常教学工作会受到影响，学生要保持平常心态，克服暂时的困难。

（2）学生要配合学校的号召，做自己力所能及的事情，把灾后的破坏降到最低。

二、教学设计

【例1】

认识泥石流

（一）教学目标

（1）让学生了解泥石流发生的条件和危害，以及掌握如何降低泥石流危害的措施。

(2) 通过视频和图片向学生介绍泥石流的相关知识，让学生能结合生活的实际深刻地认识泥石流。

(3) 树立学生的自我保护意识及保护环境的思想。

(二) 教学内容

本节课主要学习了泥石流的形成条件及预防泥石流的具体措施。

(三) 教学课时

1课时

(四) 教学过程

1. 谈话导入，揭示课题

(1) 通过相关的泥石流图片的导入，引导学生谈感受，体会泥石流事故给中学生的健康和生命带来的危害与影响。

(2) 教师小结：由于泥石流爆发往往具有突发性、历时短的特点，因此会伴随山体滑坡和崩塌给当地造成严重的危害和人员的伤亡。

教师让学生思考：如果你正好遇到泥石流发生，你会采取什么样的应急措施呢？图片展示逃生路线，学生分组讨论，并讲讲各自选择的逃生路线的缘由。

(3) 应急措施。应设法从房屋里跑到开阔地带，并迅速转移到高处，不要顺沟方向往上游或下游逃生，要向两边的山坡上面逃生，千万不可在泥石流中横渡。

教师总结泥石流的危害，进一步了解泥石流。

2. 了解泥石流的形成

学生通过阅读书本找出泥石流的概念。

(1) 概念：泥石流是指在山区因为暴雨或其他原因引发的携带大量泥沙以及石块的特殊洪流。

模拟实验：运用沙、坡面、水来模拟泥石流爆发（加强学生的感性认识）。

(2) 泥石流的自然成因。

探究实验：泥石流的自然成因与哪些因素有关？

学生探讨：可能与坡面的倾斜度、渗水量的大小、泥土的松散有关。

①在坡面上放上等量的沙，使用不同的渗水量，观察坡底现象。

说明：与渗水量的多少有关。

教师引导学生得出自然成因：有暴雨或持续性的降水，形成了大量流水。

②改变坡面的倾斜角度，放上等量的沙，使用同样的渗水量，观察坡底的现象。

说明：与坡面的倾斜角度有关。

教师引导学生得出自然成因：山区（特别是陡峭地形）有利于水流汇集，水流的流速大，冲刷力强。

③在同样的坡面上，堆放等质量的石块，使用同样的渗水量，观察坡底的现象。

说明：与泥土的松散有关。

教师引导学生得出自然成因：山坡或沟谷表层堆积大量的松散碎屑物（土、石块等）容易被水流冲刷。

多媒体展示地震对泥石流发生的影响和积雪融化引发泥石流，由此导致我国四川、云南、甘肃和西藏等地区的泥石流尤为严重。同时强调，人类活动对泥石流发生的影响越来越大，已经成为形成泥石流的一个重要因素。

(3) 人为因素。让学生理解对于泥石流形成的自然因素中，泥土松散更容易遭到人类的破坏。

教师让学生讨论人类的哪些活动会影响泥土的松散呢？

学生分组讨论，总结归纳：

①乱砍滥伐，毁林开荒。

②开矿堆放的矿渣，采石形成的弃土，修建公路、铁路或其他建筑工程，使坡面物质变得松散或结构遭受破坏等。

教师进一步讲解如何预防泥石流的发生。

3. 泥石流的防御措施

思考：根据泥石流的形成条件，有哪些方法可以减少泥石流的发生和危害呢？

学生分组讨论，并推荐一位代表进行发言：①预警；②搬迁和疏散；③植树造林；④工程措施；⑤抢险救灾。

4. 回顾总结，畅谈收获

总结泥石流形成的自然原因。

5. 布置作业

上网查询泥石流的其他有效防御措施。

6. 教学反思

（1）在教学中恰当地运用数据，能够准确地说明事物的特征、本质及其规律性等，可以增强真实感、增强说明效果。

（2）运用科学的概念和精确的数据，可以显示科学性和精确性。

（3）对泥石流的爆发过程进行了描述性说明，真实地记录了泥石流的情况，增强了说服力。

【简要评析】

学生的内心世界是丰富多彩的，因为他们有着各自的生活经验，因此，他们对同一问题可能会有不同的分析、不同的理解、不同的决策。尊重学生是增强学生学习自信心的“催化剂”，因此，在教学实践中，教师允许不同的学生自主探索的需要，尊重学生获得认可的需要，对学生所表现出来的不同见解采用恰如其分的评价和鼓励，满足学生的好胜心、表现欲，较大限度地激发学生思维的潜能。在教学过程中，教师对问题的准备新颖，而且对问题的解决方法也很新颖，教师在教学过程中不局限于答案的“正确性”和“准一性”，使学生敢于评价，敢于通过师生互动去发现问题、分析问题和解决问题。

【例2】

面对泥石流的保护措施

（一）教学目标

（1）了解泥石流的发生条件；了解泥石流的危害；了解减少泥石流危害的方法。

（2）通过实例，介绍舟曲泥石流的发展过程，让学生能够身临其境，亲身感受当时的舟曲特大泥石流，了解泥石流的概况和危害；通过模拟实验和课件展示，使学生知道泥石流的概念和发生条件；通过舟曲泥石流灾后视频的展示，让学生了解泥石流的危害；通过阅读书本及教师介绍，了解泥石流的防御措施。

(3) 通过相关泥石流视频及课件的介绍，增强学生防灾和抗灾的意识。

(二) 教学内容

本节课主要讲授泥石流产生的条件及预防措施。

(三) 教学课时

1 课时

(四) 教学过程

1. 导入

被人们称为“藏乡江南”的舟曲县境内的美好风光视频，在本节课开始展示，从而引出本节课的“主角”——舟曲。

教师展示：王凯（化名）的个人照片及在泥石流发生前的微博，介绍其背景（一位普通的大二学生，同时也是舟曲泥石流中唯一一名会玩微博的幸存者)。

教师展示：王凯微博上的图片（2010 年 8 月 8 日凌晨王凯一家人撤离到六楼)，并且展示微博内容，提问：在 2010 年 8 月 8 日凌晨王凯究竟遇到了什么？是水灾吗？导入新课——泥石流。

2. 教授新内容

这部分会采取模拟实验及相关的视频演示的方法来开展。

(1) 泥石流的概念和发生条件。

教师展示：当时的央视关于舟曲泥石流的视频，介绍舟曲特大泥石流。

教师展示模型：书本上的土质山谷模型，教师介绍模型的制作材料和注意点。

教师进行实验：模拟实验的步骤一、二，提问实验现象；在学生回答的基础上，教师以文字的形式讲解现象。

学生：观看泥石流的实拍视频，请学生比较两者是否相似。在比较的基础上，教师讲解该模型是模拟泥石流的模型。

教师分析：在分析泥石流的形成条件之前，教师请学生先分析土质山谷模型洒水后出现上述现象的原因；在分析该原因时，学生的分析角度可能不够全面，教师可做适当提示，如提示学生从模型本身的因素和外界因素（坡面物质、模型坡度和洒水）进行分析，辅助学生回答。

在学生分析出模型出现该现象的原因后，请学生将模型的三个因素类比到实际的泥石流。

教师分析：在学生回答问题的基础上，教师再请学生类比模型来分析这三个因素与泥石流形成的关系。

教师讲解：结合舟曲的地形图和相关的视频，来介绍当时舟曲的地形、地质情况及降水强度，请学生判断当时舟曲的情况是否符合发生泥石流的条件。

之后，利用当时的动画还原舟曲泥石流的视频来回顾泥石流发生的条件，加深学生印象。

教师展示：此时将视角转移到王凯的实时微博上，展示王凯在泥石流发生后发布的关于舟曲灾情的实时微博及图片，展示泥石流的强大破坏力，介绍王凯一家在遭遇泥石流后，个人负担的转变及损失等。

过渡：面对泥石流的凶猛，王凯不禁从19岁大学生的角度对此次泥石流的发生进行反思。

教师展示：王凯的相关微博，引出人类活动对泥石流的影响。

教师展示模型：土质山谷模型的活动二，展示实验步骤（堆沙子），提问实验现象；在模型上覆盖植被，提问实验现象，引出植被对泥石流的影响。

教师提问："堆沙子"可以类比于人类的哪些行为？将学生视角引导人类对环境的破坏和影响上来。在学生回答问题的基础上，教师进行适当的补充。

教师展示：舟曲过去的美好风光与现今光秃秃的山坡形成鲜明对比，突出人类对环境的破坏程度之严重。

（2）介绍泥石流的特点及危害时，采取单刀直入的介绍方式。

教师展示：在展示泥石流的危害时，利用《大爱无疆舟曲受灾视频》及王凯的一条略带伤感的微博，渲染气氛的同时，请学生感受泥石流的破坏力（这部分主要是情感教育，请学生静下心来感受泥石流等灾害对人类带来的危害）。

过渡：泥石流是一种严重的地质灾害，特别是对于一些山区地形来说，那么我们的家乡是否会发生泥石流呢？引出泥石流的分布（这样的过渡，将我们的生活环境与所学内容联系起来，能够牢牢吸引学生的眼球，听课积极性提高）。

教师展示：中国泥石流分布，请学生根据图例，分析泥石流的分布与地震带有何关系。中国哪些地区泥石流发生比较频繁？在学生回答问题的基础上，教师讲解泥石流的分布特点。

(3) 介绍泥石流的防御措施。

教师展示：近年来我国的泥石流案例，请学生思考如何防范和自救？引出泥石流的防御措施。泥石流的防御措施包括三个方面（前兆、自救及防御）。

介绍一些泥石流的前兆，让学生结合书本了解。

过渡：前兆并不能完全准确地预示泥石流，一旦发生了泥石流，我们应该如何自救呢？我们不妨先看看王凯他们在遇到泥石流后采取的救援措施吧！

教师展示：王凯的关于灾后自救和救援的微博，使学生能够跟随主人公亲身感受泥石流的自救方法。

过渡：过渡到书本上的逃生路线图，请学生判断正确的逃生路线，教师讲解介绍逃生的注意事项和方法，并且播放相关的视频，作为适当的自救知识拓展。

(这部分内容在教师介绍的基础上，沿着王凯的微博，展现舟曲人民面对泥石流时采取的救援措施，并且结合书本上关于逃生的题目，展示相关的视频，让学生自己从相应的视频或图片中找到相应的泥石流防御措施。)

小组讨论：根据泥石流的形成条件，有什么方法可以减少泥石流的发生或减少泥石流的危害呢?

在学生思考后教师归纳知识点，此时新课的知识点已经完整。

3. 巩固提问

这节课主要讲了泥石流的形成、危害及预防，请同学们回忆一下，并正确地说出来。

4. 课堂小结

了解泥石流的基本知识，在泥石流发生前、发生中及发生后的各时期应采取的措施要牢记，提高学生们的保护意识。

【简要评析】

在课堂教学中开展学生之间的相互评价，促进学生的自我评价。教师在课堂教学中鼓励学生自我反馈和评价，开展同学间的相互评价。每个小组会根据教师的提问，说出不同的答案，每个小组要对其他小组的观点进行反馈和评价，既让学生学会评价别人，也学会了评价自己。因此，在教学过程中，教师经过不断训练，促进了学生的自我发展和自我完善，从而提高了自我评价能力。本节课结合该教师的微博叙述，通过图片、案例、视频以及现场模拟等让学生们在更真实的教育教学过程中熟悉和掌握必要的泥石流预防措施，达到了预防泥石流灾害发生的教育目的，是一个典型的泥石流教学实例。在实际的操作过程中，同学们的好奇心和探索欲被不断地激发出来，同时也树立了学生们的自我保护意识，不但可以帮助学生们了解面对泥石流灾难时应采取的预防措施，更能让学生们树立对环境的保护意识。

三、教学素材

相关案例

2005 年 9 月 10 日下午 2 时 30 分左右，黑龙江省宁安市沙兰镇沙兰河上游山区突降暴雨，瞬间形成洪峰，引发泥石流，最高洪峰水位达 2 米左右，淹没了沙兰镇中心小学。当时有 351 名学生正在沙兰镇中心小学上课，学校发现来水时，立即组织学生到高处躲险。因洪水太猛太大，一、二年级年龄较小的 23 名学生当场被淹致死，2 名学生失踪，17 名学生受伤。有 4 名学生在医院因伤势过重抢救无效死亡。另有 2 名村民死亡，2 名村民失踪。

2010 年 8 月 7 日 22 时 40 分，甘肃省甘南藏族自治州舟曲县城东北部山区突降高强度暴雨，引发县城东北部的三眼峪、罗家峪发生特大山洪泥石流。泥石流夹带着冲毁的民房、车辆，由北向南横贯县城，瞬间吞噬了昔日祥和秀美的山中小城，沟道两旁的建筑被夷为平地，数万群众遭遇灾害。

2011 年 8 月 22 日，神农架林区木鱼镇发生暴雨泥石流灾害。此次灾害破坏性强、受灾面广，灾情急、损失大，属于自然灾害类重大突发事件。8 月 22 日凌晨至上午 10 时，全区持续降雨，平均降雨量 90.1 毫米，其中，木鱼镇红花村达 154.7 毫米。暴雨导致木鱼镇多处出现泥石流、滑坡塌方等地质灾害，209 国道与兴山交界处三堆河至木鱼段，多处遭泥石流冲击引发山体滑坡，多处道路受堵，涵洞受损，房屋倒塌，农田损毁，桥梁受损。泥石流灾害导致木鱼中心小学后山坡发生大面积滑坡，学校围墙损毁约 200 米。据统计，灾害导致全区倒塌房屋 103 间，损坏房屋 370 余间，损毁公路 184 千米，水毁河堤 200 米，农作物受灾面积 10 380 亩，受灾人口 14 500 余人。工农业经济损失 376 万元，交通损失 4 870 万元，灾害没有造成人员伤亡。①

四、知识链接

1. 印度洪涝灾害

2013 年 6 月 12 ~ 27 日，印度北部连降暴雨，导致洪水泛滥、山体滑坡，数百个村庄受灾。北阿肯德邦首席部长维贾伊 · 巴胡古纳表示，印度军方展开了最大规模的救援行动，有大量的受灾民众滞留在丛林和偏远的上游地区，共造成约 5 000 人死亡，直接经济损失达 11 亿美元。

2. 印度热浪灾害

2013 年 4 ~ 5 月，印度东部奥里萨邦遭遇热浪袭击，最高温度达 40℃左右，其中，伯朗吉尔等三个地区的最高温度达 43℃，桑巴尔布尔地区的温度接近 45℃，因热浪而死亡的总人数达 531 人。

3. 中国四川盆地及西北华北地区洪涝灾害

2013 年 7 月上中旬，中国四川盆地、西北地区东部、华北南部及黄淮北部出现强降雨过程，累计雨量普遍有 100 ~ 250 毫米，是 7 月暴雨天气过

① 腾讯新闻近十年的关于自然灾害的报道。

程影响范围最大的一次。强降雨引发洪涝、山体滑坡，造成 319 人死亡失踪，1 590.7 万人受灾，直接经济损失 527.6 亿元。

4. 巴基斯坦洪水灾害

巴基斯坦官方称，2013 年 8 月上旬，强烈的季风降雨诱发了从巴基斯坦北部到南部城市卡拉奇的骤发洪水。截至 2013 年 8 月 21 日，洪水导致 234 人死亡，共计 1 497 725 人受灾，经济损失 19 亿美元。

5. 中国东北地区洪涝风雹灾害

2013 年 8 月，中国东北地区降水过程频繁，持续阴雨天气导致内蒙古、辽宁、吉林、黑龙江四省（自治区）发生洪涝风雹灾害，造成 219 人死亡失踪，687.9 万人受灾，73.1 万人紧急转移安置；倒塌房屋 7.7 万间，严重损坏房屋 13.4 万间，一般损坏房屋 20.3 万间，直接经济损失 447.1 亿元。

6. 中国四川芦山地震灾害

2013 年 4 月 20 日上午 8 时 2 分，中国四川省雅安市芦山县发生 7.0 级地震，震源深度达 13 千米。地震造成四川雅安、成都、眉山等地 196 人死亡，大量房屋倒塌或严重损坏，灾区交通、通信、水利、电力等基础设施遭受严重破坏。

7. 津巴布韦洪涝灾害

2013 年 1 月 7 日，津巴布韦遭受雨季强降雨，导致洪水暴发。洪水造成 125 人死亡，8 490 人受灾，其中 4 615 人需要人道主义救助；导致农作物受灾严重。

8. 尼泊尔洪涝灾害

2013 年 7 月，尼泊尔因季风性暴雨导致洪水泛滥，南部平原农业社区以及西部山区受到巨大冲击，导致 118 人遇难，50 031 人受灾，共计 7 000 人转移离开灾区。800 所房屋遭到损毁，1 500 所房屋遭到部分损坏。

9. 莫桑比克洪涝灾害

2013 年 1 月，连日的暴雨导致莫桑比克南部的林波波河决堤，淹没了两岸的房屋和农田，其中受灾最严重的地区是位于林波波河一个河曲西边的绍奎市。洪水导致 117 人丧生，240 827 人流离失所，经济损失达 3 000 万美元。此外，洪水对津巴布韦、博茨瓦纳和南非等其他非洲国家造成了一定影响。

第三课　雷电常识须牢记

一、教学内容

中国是一个多自然灾害的国家。这与地理位置有着不可分割的关系。雷电灾害在中国也有不少，最为严重的是广东省以南的地区，东莞、深圳、惠州一带的雷电自然灾害已经达到世界之最。这些地方也是因为大气层位置比较偏低所造成的影响。本课我们就来学习雷电。什么是雷电？雷电发生时我们应该怎样防范呢？又有哪些防范措施呢？高温天气、雪、冰雹、雷电等都属于自然现象，当它们严重到一定程度时就属于自然灾害。自然灾害包括：地质灾害、气象灾害、气候灾害、水文灾害、生态灾害、天文灾害等。我们今天学习的雷电就属于自然灾害中气象灾害中的一种。

（一）雷电概述

1. 什么是雷电

雷电是伴有闪电和雷鸣的一种雄伟壮观而又有点令人生畏的放电现象。雷电一般产生于对流发展旺盛的积雨云中，因此常伴有强烈的阵风和暴雨，有时还伴有冰雹和龙卷风。①

2. 雷电的成因

在我们的地球表面，覆盖着一层厚厚的大气，地球大气在太阳光的照射下，形成大气对流运动现象，其中有一部分大气含有大量的水蒸气，形成水气云团。做高速对流运动的水气云团，做切割地球地磁场运动，水气云团从而受到地球磁场的作用，在水气云团的两端形成巨大的带正、负电荷水气云团积电层，巨大的带正、负电荷水气云团积电层，受大气对流的

① http：//baike. weather. com. cn/index. php？ doc－view－1752. php.

冲击，异种水气云团积电层在空中相遇，从而产生巨大的电荷放电现象，形成一种伴有闪电和雷鸣的雄伟壮观而又有点儿令人生畏的自然现象：雷电。雷电一般产生于旺盛的雨季，伴有强烈的飓风和暴雨，有时还伴有冰雹和龙卷风。①

雷电产生的自然条件是：热带大气云团，向东或向西做高速运动，才能产生雷电现象。做高速运动的寒带大气云团，不可能产生雷电；向南或向北做高速运动的大气云团，也不可能产生雷电。

雷电产生的物理条件是：

（1）产生雷电的大气层是一个以水为溶剂与其他溶于水的微量物质为溶质组成的水溶液与气溶胶的混合体的水气云团，以及包围水气云团的绝缘空气组成。

（2）水气云团在巨大的空气气流的推动下，需做切割地球磁场运动，从而水气云团中的大量的游离正、负离子则在地球磁场的作用下，向水气云团的两端聚集，形成巨大电荷体。

（3）在带巨大正、负电荷体的水气云团周围，产生一个巨大的静电场及电场引力；异种大气云团电荷体在电场力及大气对流的作用下相遇而产生放电现象，形成雷电。②

3. 雷电的种类

雷电分直击雷、电磁脉冲、球形雷、云闪4种，其中直击雷和球形雷都会对人和建筑造成危害，而电磁脉冲主要影响电子设备，主要是受感应作用所致；云闪由于是在两块云之间或一块云的两边发生，所以对人类的危害最小。直击雷就是在云体上聚集很多电荷，大量电荷要找到一个通道来释放，有时候是一栋建筑物，有时候是一座铁塔，有时候是空旷地方的一个人，所以这些人或物体都变成电荷释放的一个通道，就把人或者建筑物击伤了。直击雷是威力最大的雷电，而球形雷的威力比直击雷小。③

---

① http：//baike. haosou. com/doc/5612143 – 5824753. html#5612143 – 5824753 – 2.

② http：//baike. haosou. com/doc/5612143 – 5824753. html#5612143 – 5824753 – 2.

③ http：//baike. weather. com. cn/index. php？ doc – view – 1752. php.

4. 闪电概述

（1）闪电现象。暴风云通常产生电荷，底层为阴电，顶层为阳电，而且还在地面产生阳电荷，如影随形地跟着云移动。阳电荷和阴电荷彼此相吸，但空气却不是良好的传导体。阳电奔向树木、山丘、高大建筑物的顶端甚至人体之上，企图和带有阴电的云层相遇；阴电荷树枝状的触角则向下伸展，越向下伸越接近地面，最后阴阳电荷终于克服空气的阻障而连接上。巨大的电流沿着一条传导气道从地面直向云涌去，产生出一道明亮夺目的闪光。一道闪电的长度可能只有数千米，但最长可达数百千米，[①] 这就是闪电现象。闪电的温度，从1.7万至2.8万℃不等，也就是等于太阳表面温度的3~5倍。闪电的极度高热使沿途空气剧烈膨胀。空气移动迅速，因此形成波浪并发出声音。闪电距离近，听到的就是尖锐的爆裂声；如果距离远，听到的则是隆隆声。你在看见闪电之后可以开动秒表，听到雷声后即把它按停，然后以3来除所得的秒数，即可大致了解闪电离你有几千米。[②]

（2）闪电的类型。闪电通常分为无声放电和闪电两类。闪电本身又可以分为片状闪电、线状闪电、链形闪电和球形闪电等。

最常出现的一种无声放电是“爱尔马圣火”。这是一种并非雷云与大地间的放电和没有雷声的闪光现象，实际上就是尖端电晕放电。放电时，凸出物周围会呈冒烟状或光膜状的放电现象。当电场强度很强时，就会形成单独束状放电，由物体周围放射出来。这种放电现象对电信系统有干扰。

①片状闪电是出现在云的表面上的闪光，它可能是被云块遮没的火花闪电的延光，也可能是在云的上部发出来的丛集的、若隐若现的一种特殊的放电作用的光。

②线状闪电一般是一种蜿蜒曲折的巨型电气火花，长2~3千米，也有长达10千米的，是闪电中最强烈的一种，对电力、电信系统及人畜和建筑物等威胁最大。

---

① http：//baike. haosou. com/doc/3782279 - 3972881. html.

② http：//baike. weather. com. cn/index. php？ doc - view - 1752. php.

③链形闪电比较罕见，是一条发光的虚线，像一条链子一样，在云与大地间放电或云与云间放电时均可能出现，似乎是介于线状闪电与球形闪电之间的一种过渡形式。

④球形闪电是最奇妙、最罕见和最神秘莫测的一种闪电，由拳头般大小到足球那样大的球形发光体所组成，活动速度不大，人们可以看到它的移动。它走的路径极不规则，往往与风向一致。它出现时，常伴有尖哨声或嗡嗡声，有时会安然地消失，但有时也会发生恐怖的爆炸。它消失时，往往留下具有刺激性的轻烟雾。球形闪电存在的时间可由几秒到几分钟。它能在一个地方停留一会儿，一面冒烟，一面发出火花。目前，国际上对于球形闪电也还没有很完善的解释，科学家们仍在研究中。

5. 雷声概述

雷声的大小与闪电的强弱相应，雷不仅仅是由于空气在温度高达18000℃左右的闪电渠道中因突然而强烈的受热和随之而起的急速冷却，致空气因急速膨胀和压缩的振动而发生的响声；同时雷也是水和空气在高电压（火花）的作用下分解所产生的瓦斯爆炸时发出的声音。由于爆炸波的特性、多次放电和声音来回反射等关系，雷声隆隆不绝。云间放电时，雷声延续的时间比云与大地间放电的时间短。一般一次闪电的雷声平均延续时间30～40秒，在个别场合下可达到1分钟。[①]

6. 雷电的危害

长期以来，雷电一直以直击雷的形式给地球上的生物以及人类文明带来灾难性的打击。雷电灾害已被联合国有关部门列为最严重的十种自然灾害之一，被中国电工委员会称为“电子时代的一大公害”。雷电产生的高温、猛烈的冲击波以及强烈的电磁辐射等物理效应，使其能在瞬间产生巨大的破坏作用。常常会造成人员伤亡，击毁建筑物、供配电系统、通信设备、引起森林火灾，造成计算机信息系统中断，仓储、炼油厂、油田等燃烧甚至爆炸，危害人民财产和人身安全，对航空航天等运载工具也有很大威胁。据统计，闪电的受害者有2/3以上是在户外受到袭击，他们每3个人中有2个幸存，死者以在树下避雷雨的最多。

---

① http：//baike. weather. com. cn/index. php？doc－view－1752. php.

7. 雷电的功劳

（1）雷电很重要的功劳是制造化肥。雷电过程离不了闪电，闪电的温度是极高的，一般在 3 万℃以上，是太阳表面温度的 5 倍。闪电还造成高电压，在高温高电压条件下，空气分子会发生电离，等它们重新结合时，其中的氮和氧就会化合为亚硝酸盐和硝酸盐分子，并溶解在雨水中降落到地面，成为天然氮肥。

（2）雷电还能促进生物生长。雷电在发生时，地面和天空间电场强度可达到每厘米万伏以上。受这样强大电位差的影响，植物的光合作用和呼吸作用增强，因此，雷雨后一至两天内植物生长和新陈代谢特别旺盛。

（3）雷电能制造负氧离子。负氧离子又称空气维生素，可以起到消毒杀菌、净化空气的作用。在雷雨后，空气中高浓度的负氧离子，使得空气格外清新，使人感觉心旷神怡。

（4）雷电还有巨大的能量。地球上平均每秒有 100 次闪电，一次闪电约释放 8 千瓦小时的电能，因此，每年全世界的雷电约放出 250 亿千瓦小时的能量。遗憾的是，人类目前还无法对它加以利用。①

（二）现代雷电的防御措施

现代防雷技术原则强调全方位防护，综合治理、层层设防，把防雷看作一个系统工程，主要有以下 5 项防雷措施。

1. 搭接

搭接或称为均衡连接、等电位连接，就是把各种金属物用粗的铜导线焊接起来，或者把它们直接焊接起来，以保证等电位，是防雷措施中极为关键的一项。

2. 传导

传导即避雷针装置。避雷针就是一个接地的金属装置，高端比建筑物顶端更高，吸引闪电，把闪电的强大电流传导到大地中去，从而防止闪电电流经过建筑物。

---

① http：//baike. haosou. com/doc/5612143 – 5824753. html#5612143 – 5824753 – 2.

3. 分流

分流是把凡是从室外来的导线（包括电力电源线、电话线、信号或者这类电缆的金属外套等）都要并联一种避雷器至接地线，它的作用是把沿着导线传入的雷电波在避雷器处经避雷器分流入地，也就是类似把雷击电流的所有入侵道路堵截。

4. 接地

接地是前 3 项措施的基础，接地的妥当与否，成为历来防雷技术中特别受重视的项目，它又是最费工、费钱、费力的防雷措施，是防雷工程的重点和难点。

5. 屏蔽

屏蔽就是用金属网、箔、壳、管等导体把需要保护的对象包围起来。

以上 5 项措施是一个有机联系的整体防卫体系，采用全面的措施才能达到万无一失的效果。

（三）初中生应掌握的日常雷电防御常识

除对建筑物等固定地方的防护外，人类自身的防护也是非常重要的，除了养成每天收看或收听近日天气预报外，日常预防雷电的措施有以下方面：

（1）在雷电天气留在室内并关好门窗，在室外工作的人应躲入建筑物内。

（2）在雷雨天气不宜使用无防雷措施或防雷措施不足的电视、音响等电器，不宜使用水龙头。

（3）下雨天切勿接触天线、水管、铁丝网、金属门窗、建筑物外墙，远离电线等带电设备或其他类似金属装置。

（4）下雨天减少使用电话和手机。

（5）下雨天切勿游泳或从事其他水上运动或活动，不宜进行室外球类运动，如遇雷电应立即离开水面以及其他空旷的场地，寻找地方躲避。

（6）下雨天切勿站立于山顶、楼顶或接近导电性高的物体。

（7）切勿处理开口容器盛载的易燃物品。

（8）在旷野无法躲入有防雷设施的建筑物内时，应远离树木和桅杆。

（9）在空旷场地不宜打伞，不宜把锄头、铁锹、羽毛球拍、高尔夫球杆等扛在肩上。

（10）不宜进入无防雷设施的临时棚户、岗亭或低矮建筑。

（11）不宜开摩托车、骑自行车。

二、教学设计

【例1】

你知道雷电吗?

（一）教学目标

（1）通过此次课程，使学生认识雷电，初步了解雷电成因及形成条件，以丰富自然知识。

（2）此课程内容简单，主要通过教师的讲授、图片及实物的展示、视频的播放，教师引导性问题的设计，以实现学生在轻松愉快的环境中学到知识，提高其思考能力。

（3）让学生了解雷电的危害，提高学生的安全意识及自我保护能力。

（二）教学课时

1课时

（三）教学准备

（1）教师与当地气象局联系，从他们那收集一些雷电知识。

（2）教师设计引导性问题，帮助学生主动学习、积极参与。

（3）教师收集雷电的相关图片及冰雹灾害案例资料。

（四）教学过程

1.导入

雷电属于一种常见自然灾害，雷电的防范措施也是日常生活中应该重点掌握的常识，也是让学生了解自然现象之余需要学生掌握的重点常识。因此，在学习雷电初始期，老师要调动学生对自然现象的兴趣，激发对自然现象的好奇心，让学生带着兴趣和好奇心来自主学习该部分的知识，以便日后渗透深层次的课程。老师可以把雷电图片、雷电形成过程的模拟图片或动画等做成幻灯片放给学生看，激发其兴趣。结合实际，让学生谈谈自己对雷电的认识。

2. 教授内容

本节课由两个部分组成：一是了解雷电的物理特性；二是明确雷电的形成原因及条件，本节课重在激发学生对雷电的学习兴趣。

（1）认识雷电的物理特征。教师可以给学生看雷电发生时的照片，利用挂图、幻灯片、多媒体等课件进行阐释。首先教师向学生展示雷电发生时的相关图片，让学生们对雷电产生时周围环境的变化进行猜想，让学生积极思考，想象雷电产生时天空的颜色变化、温度变化、声音变化等。然后结合视频让学生观察雷电发生时周围环境的变化，通过讲授及互动让学生认识雷电，让他们回想自己是否经历过雷电现象。

（2）简单描述雷电的成因。雷电的成因对于初中学生来说不是必须掌握的知识，只了解即可。教师可以简单描述："在我们的地球表面，覆盖着一层厚厚的大气，地球大气在太阳光的照射下，形成大气对流运动现象，其中有一部分大气含有大量的水蒸气，形成水气云团，水气云团受大气对流的冲击就会产生雷电现象。"

（3）介绍产生雷电的条件。热带大气云团，向东或向西做高速运动，才能产生雷电现象。

3. 问题巩固

这节课主要讲了什么是雷电，即雷电的物理特征以及简单介绍了雷电形成的原因和产生条件。让同学们回答什么是雷电，每位同学可以只回答雷电产生时的一种现象，并请同学尝试描述雷电是怎么形成的，有哪些产生条件。

4. 课堂小结

同学们，我们今天学习的内容可真有趣呀，我们又深入了解了一种自然现象——雷电。回去思考你认识雷电之后，还想知道关于雷电的哪些故事。

【简要评析】

上面的教学设计是针对初中学生构思的，其内容简要，主要采取讲授、图片展示、视频播放等教学手段向学生展示雷电物理特征方面的知识，让学生对雷电有深入的认识，对其形成原因有初步了解，以便丰富自然知识。通过教师的讲授、教师引导性问题的设计等，向学生展示雷电的物理特征，激发学生对大自然的好奇心，促进学生积极思考和探索，使其主动了解更多自然现象。通过雷电这样一堂课，让学生在学到知识的基础上，提高思考及辨别能力。

【例2】

雷电伤害有方法

(一) 教学目标

(1) 引导学生认识到雷电的危害，掌握日常雷电的防御措施。

(2) 此课程内容简单，主要通过教师的讲授、图片、视频的播放，教师引导性问题的设计，以实现学生在轻松愉快的环境中学到知识，提高其思考能力。

(3) 通过这样一堂课，激发学生对自然现象的好奇，引导性问题的设置，可以锻炼学生的独立思考能力和判断能力，雷电发生时及时做出正确的反应。

(二) 教学课时

1课时

(三) 教学准备

(1) 教师与当地气象局联系，从他们那收集一些雷电知识。

(2) 教师设计引导性问题，帮助学生主动学习，积极参与。

(3) 教师应充分准备并精选雷电的相关图片和视频。

(四) 教学过程

1. 导入

通过图片和资料，教师给学生讲述雷电灾害的实际案例，引导学生谈感受，体会雷电灾害给人类、动物及植物带来的灾难。老师要激起学生思考防御雷电伤害方法的积极性及好奇心，从而调动学生学习的主动性。

(板书课题：雷电伤害有方法)

2. 教学内容

本节课由三部分组成：一是通过教师的引导让学生主动意识到雷电的危害；二是通过教师的引导让学生积极思考雷电的日常防御措施；三是通

过教师讲授让学生明白雷电不仅具有毁坏性，对人类还有功劳。

（1）了解雷电的危害。雷电产生的高温、猛烈的冲击波以及强烈的电磁辐射等物理效应，使其能在瞬间产生巨大的破坏作用，常常会造成人员伤亡，击毁建筑物、供配电系统、通信设备，引起森林火灾，造成计算机信息系统中断，仓储、炼油厂、油田等燃烧甚至爆炸，危害人民财产和人身安全，对航空航天等运载工具威胁也很大。

（2）掌握雷电的日常防御措施。①中学生要养成收听或收看天气预报的好习惯；②雷电多发季节避免在雷雨天出门，即使出门也要在家长的陪同下；③下雨天不要在大树下避雨，不可在有高压电处逗留；④提醒家长亲邻牢记雷电常识（详见“初中生应掌握的日常雷电防御常识”）。

（3）了解雷电的功劳。雷电不仅只有危害性，它对人类还有很大的功劳。比如，雷电可以促使化肥产生；雷电还能促进生物生长；雷电能制造负氧离子，用于净化空气；雷电还能产生巨大的能量供人类使用。

3. 巩固提问

这节课主要讲了雷电的危害和雷电的防御措施，同学们是不是对雷电有了更为深入的认识？同学们一起回忆一下雷电可能造成的灾害和雷电对人类的功劳。最后也是最重要的就是让同学们掌握日常生活中雷电的防御常识，请同学们每人说出一种防御雷电的方法。

4. 课堂小结

今天我们深入地学习了雷电的相关知识，大家不仅了解了雷电的物理特征，还了解到雷电的危害及防御措施，同学们课下要牢牢记住日常生活中雷电的防御常识，以避免受到雷电的伤害。请同学们回家把自己在学校学到的雷电常识告诉你的家长亲邻，让更多人了解雷电。

【简要评析】

该教学设计是针对初中学生设计的，其内容简要，主要采取讲授、图片展示、视频播放等教学手段向学生讲述有关雷电的危害等方面的知识，只有了解雷电的危害，学生提高雷雨天气时的自我保护意识，才能防止疏忽大意给自己造成伤害。该教学设计采用图片展示、视频播放等教学手段，让学生在大脑中形成雷电天气的图像，激发学生对大自然的好奇心，促进学生积极思考。通过雷电这样一堂课，让学生在学习知识的基础上，提高能力，也有利于学生的自我保护。

三、教学素材

关于雷电的谚语①

1. 以下几句所讲的闪电，是发生在冷锋上的，称为冷锋雷雨，或飑线雷雨

冷锋位于北来冷气团的前锋，从北向南行动。看到雷电发生在北方，可见冷气团将跟着冷锋，自北向南而来，所以“北闪有雨来”。如果看到电闪发作在南方，它必定再向南去，不再北来。这时在本地方盛行着的是干燥而清洁的北方气团，刚到时比较冷些，但是因为天晴无云，阳光强烈，温度是会很快升高的，所以说“南闪火门开”。谚语如下：

* 南闪火门开，北闪有雨来。(浙江)
* 南闪半年，北闪跟前。(江苏常熟、无锡)
* 电光西南，明日炎炎。(浙江义乌、江苏常熟、无锡)
* 电光西北，下雨涟涟。(同上)
* 东南方向闪电晴，西北方向闪电雨。(湖北应城)
* 南闪晴，北闪雨。(广东)

2. 夏季雷雨

夏季雷雨一般有两种类型：一种是锋面雷雨，另一种是局地热雷雨。前者是由于锋面上升气流引起的，呈带状分布，范围广，生命久；后者是由于局地性强热对流引起的，范围小，生命短。“东闪西闪”就是第二种雷雨体现的现象。我们仅能看到电光，听见雷声，而不涉及降水。因此“电光乱明，无雨天晴”。具体谚语如下：

* 东闪西闪，晒煞泥鳅黄鳝。(浙江)
* 东霍霍，西霍霍，明天转来干卜卜。(福建福州)
* 电光乱明，无雨天晴。(陕西武功)

---

① http：//baike. weather. com. cn/index. php？ doc – view – 2345. php.

3. “东拉西拉”即“东闪西闪”，“东霍”

均表示雷雨发生在东面。因为基本气流是自西向东的，所以它不会再影响本地。谚语如下：

＊东霍三年，北霍眼前。（江苏常州）

＊东拉西拉，泊泥湖里开拆；南闪一夜，北闪对射。（河北）

＊东闪西闪是空骗，南闪停三天，北闪在眼前。（江苏常熟）

4. 先听到雷声，然后下雨，这是热天的地方性雷雨

由于局地热力对流所造成的雷雨云，仅仅掩蔽天顶，四方地平还是空空的。由于它范围很小，生命短促，所以雨止之后，仍旧是晴天烈日，地面雨水立即被晒干。假如乘了船出去，也可以步行归来的，谚语如下：

＊未雨先雷，船去步归。（崔实《农家谚》晴雨占）

＊雷公先唱歌，有雨也不多。（江苏无锡、常熟，湖北阳新，浙江义乌）

＊先雷后雨，下雨不过瓢把水。（广东）

＊先雷后雨，当不到一场露水。（广东）

四、知识链接

（一）闪电与打雷为什么“不同时发生”

闪电和雷声是同时发生的，但它们在大气中传播的速度相差很大，因此人们总是先看到闪电，然后才听到雷声。光每秒大约能传播 30 万千米，而声音只能传播 340 米。根据这个现象，我们可以从看到闪电起到听到雷声止，这一段时间的长短，来计算闪电发生处离开我们的距离。假如闪电在西北方，隔 10 秒听到了雷声，说明这块雷雨距离我们约有 3 400 米远。

（二）闪电离我们有多远

闪电距离近，听到的就是尖锐的爆裂声；如果闪电距离远，听到的则是隆隆声。你在看见闪电之后可以开动秒表，听到雷声后即把它按停，然后以 3 来除所得的秒数，即可大致知道闪电离你有几千米。如时差为 3 秒，则闪电在 1 千米以外。

（三）雷击事故的类型

雷击通常发生在夏季人们户外活动多的场所，也是最不易受人们重视的自然危害，它的严重性表现在巨大的破坏性上，如造成人员伤亡、财产损失等。雷击伤人大致有 4 种类型：直接雷击、接触电压、旁侧闪击和跨步电压。

（1）直接雷击是指雷击流直接击中人体，通常都会导致人身伤亡。由于雷击流的通道一般均不超过 30 厘米，因此只可能造成一人死亡。

（2）接触电压是指人的身体直接接触到被雷击击中的物体。这时接触点与地之间的电压称接触电压，这种雷击概率较小。

（3）旁侧闪击是指人在落雷点附近。雷击流通过被雷击中物体产生的高电压，击穿人与被击物体之间的空气，闪击到人身上。为了躲避它，在雷雨天气应远离大树和引下线。

（4）跨步电压是指雷击流泄入大地，由于土壤有电阻，因此地面就会产生电压。规定两脚相距 0.8 米间产生的电压称为跨步电压，它的大小与雷击电流的大小和与雷击点的距离相关。一般 30 千安的雷击电流，在距雷击点 5 米处的跨步电压高达 2.6 万伏；相距 10 米处的跨步电压可达7 000伏。这么高的电压足以造成雷击点附近的多数人员伤亡。[①]

① http：//www.safehoo.com/Live/Alert/Thunder/201204/268253.shtml.

第六部分

预防和应对影响学生安全的其他事件

内容提要

本部分主要包括三课，分别是和睦相处　远离校园暴力，青春烦恼要抛弃和人际交往要护己。这三课所涉及的内容都是预防和应对影响学生安全的其他事件中的重要组成部分，我们一定要做到师生共同学习、教学相长、积极思考，才能使学生学会相关的知识和内容，促进我们广大的中学生全面健康发展。

第一课　和睦相处　远离校园暴力

一、教学内容

校园暴力已成为全社会不可忽视的社会问题之一，学生斗殴事故则是校园暴力事件的典型代表，所以应给予高度重视。此外，给同学起外号、语言讥讽、歧视等非典型的暴力形式也普遍存在。这些外在的和潜在的暴力行为在众多学生的心灵深处蒙上了不安全的阴影，不少学生因为被欺侮而不敢来学校上课，对学校产生了恐惧；一些被欺凌的学生由于面对校园暴力不敢抗争，也无力抗争，只好消极容忍，他们无处倾诉，无处求助，进而造成学习情绪低落甚至辍学；有的学校由于受校园学生打架斗殴等暴力事件的影响，所以导致学校教育质量下降。对此，学校、家长和社会绝不能等闲视之。因此探究以学校打架斗殴为主的校园暴力形成的原因、预防与应对措施有着重大的现实意义。

（一）暴力与校园暴力的定义

1996 年，在日内瓦召开的世界卫生大会正式宣布，暴力是危害健康的重要原因，并从医学的角度将暴力定义为：蓄意地运用躯体的力量或权力，对自身、他人、群体或社会进行威胁或伤害，造成或极有可能造成损伤、死亡、精神伤害、发育障碍或权利剥夺的行为。校园暴力是近年来在教育界提出的一个新概念，是社会中一种常见的暴力形式。一般泛指发生在青少年之间、与学校的教学活动有直接关系的暴力行为，既包含了发生在校园内的暴力事件，也包括了发生在校园外但与学校有着直接关系的暴力行为，而在本课主要以校园学生斗殴事件为主来分析。

近年来，校园暴力事件发生率不断升高。国内调查发现，16.8% 的学生在过去 1 个月内有过打架行为，2.8% 的学生在调查前 1 个月内因感觉上学、放学途中不安全而没去上学，4.3%的学生在校内曾被人用诸如匕首或棍棒等可致人受伤的东西威胁或伤害。在美国2003年危险行为监测中，33.0%的高中学生在过去1个月内打过架，4.2%的学生因为打架受伤而到医院治疗，5.4%的学生在调查前1个月内由于感到学校或上下学途中不安全而不去上课。在牙买加，78.5%的高中生曾口睹过社区中发生的暴力事件，60.8%的学生看到过校园暴力。据美国一家权威教育机构对中学生的调查显示，有29.9%的学生发生过欺侮或被欺侮事件，其中13.0%的学生欺侮过别人，10.6%的学生被他人欺侮过，还有6.3%的人既欺侮过他人，也被他人欺侮过。这些惊人的数字表明，校园暴力问题已经到了非治理不可的地步。

（二）校园暴力的主要表现

据中国青少年犯罪研究会统计资料表明，近年来，青少年犯罪总数已占到全国刑事犯罪总数的70%以上，发生在中小学等未成年人之间的搜身、拦截、殴打、强行索取财物、人身伤害等现象屡见不鲜，一些学校竟有10%左右的中小学生受到过不同程度的侵害。

校园暴力行为有以下具体表现：

（1）给受害者起侮辱性绰号，指责受害者无用、侮辱其人格等。

（2）对受害者进行重复性的物理攻击。如拳打脚踢、掌掴拍打、推撞绊倒、拉扯头发；使用管制刀具、棍棒等攻击受害者。

（3）干涉受害者的个人财产，损坏或通过它们嘲笑受害者。

（4）在一般的校园暴力行为中，欺凌者明显比受害者强，而欺凌是在受害者未能保护自己的情况下发生。

（5）传播关于受害者的消极谣言和闲话。

（6）恐吓、威迫受害者做他或她不想要做的，威胁受害者听从其命令。

（7）让受害者遭遇麻烦，或令受害者招致处分。

（8）中伤、讥讽、贬抑评论受害者的体貌、性取向、宗教、种族、收入水平、国籍、家人或其他。

（9）分派系结党，孤立或排挤受害者。

(10) 敲诈，强索金钱或物品。

(11) 画侮辱画。

(12) 网上欺凌，即在网络日志或论坛上发表具有人身攻击成分的言论。

二、教学设计

【例1】

坚决抵制校园暴力

(一) 教学目标

(1) 知道校园暴力的概念，了解一些常见的校园暴力表现形式。

(2) 通过教学过程的开展，懂得校园暴力会给自己、家人、他人和公众带来的伤害。

(3) 通过相关案例，初步了解学校暴力事件形成的原因，让学生做到坚决抵制学校暴力。

(二) 教学准备

(1) 教师与本地派出所联系，从他们那里收集一些相关信息。

(2) 教师设计引导性问题，帮助学生主动学习，积极参与。

(3) 必要的校园暴力案件的案例资料以及重要的图片、视听资料。

(三) 教学过程

1. 导入

坚决抵制并远离校园暴力是保证校园安全的重要组成部分，老师要鼓励中学生自主学习该知识，可以把相关的图片及视听资料制作成幻灯片进行播放，看后让学生们想一想、说一说，自己是否遭遇过学校暴力案件，并且都是怎样应对的。结合中学生的实际，讨论一下还应该注意些什么问题。也可以通过当地派出所的警员或者是本校保卫科的安保人员对相关案例的讲述，让学生围绕事故发现问题，分析原因，引入本节课的内容。

2. 教授新内容

本节课由两部分组成：一是通过教师的讲授让中学生们知道校园暴力的相关概念；二是通过学生们的主动参与来掌握校园暴力的主要表现形式

及一些学校暴力事件发生的原因。

(1) 暴力与校园暴力的概念。可以利用挂图、幻灯片或者多媒体等课件，出示与暴力或校园暴力有关的图片等让学生们观看，然后让学生们说说自己认为的暴力与校园暴力的概念，哪些行为属于学校暴力行为，以及对这些行为的定性等。接下来让学生们说说我们在对待校园暴力时应该采取怎样的态度和评价等。通过讲授，使学生们从中了解这些行为的危害。

①暴力是危害健康的重要原因。教师根据现实生活中的实际情况列举出一些暴力行为的现象，设想这样的情况容易造成怎样的后果?

(学生会说出不同的后果)

教师得出结论：暴力行为是危害健康的重要原因，我们一定要坚决抵制暴力行为，维护自身的生命健康权。然后，学生现场模拟活动，请3位同学来给大家表演，一个扮演坏人，一个扮演受欺负的学生，一个扮演民警，情节自拟，但应该与本节课的主题相关。

(请学生表演)

在学生们愉快的表演中，同学们学会了该项知识。

②校园暴力是社会中常见的一种暴力形式，教师在上课前准备了幻灯片，放映一些校园暴力的视听资料。

启发学生们：这样的情景，我们将来在校园里也许会碰见。当碰上类似的恶性事件，我们该怎样做呢?

(学生开始做适当地讨论并回答)

教师最后总结：校园暴力是近年来在教育界提出的一个新概念，是社会中常见的一种暴力形式。一般泛指发生在青少年之间、与学校的教学活动有直接关系的暴力行为，既包含了发生在校园内的暴力事件，也包括了发生在校园外但与学校有着直接关系的暴力行为。当碰上类似的学校暴力事件，我们一定要保持冷静，首先应该保证自身的生命安全，在保证自身安全的前提下，尽快选择报警或者找老师以寻求保护，切勿惊慌失措，这样只会助长暴力实施者的嚣张气焰，更加不利于自身安全的保证。

接下来设计出学生模拟情境，巩固学习成果。

(2) 学校暴力的表现形式及形成原因。前面让学生们了解了主要的定义和概念，接下来要同学们掌握主要的学校暴力的表现形式及形成原因。

①学校暴力的具体表现。教师提问：同学们，平时上学或放学时，看到过一些学校暴力的具体事件吗？

（学生们回答，有或没有）

教师顺理成章地接下来会说，有谁知道，学校暴力的具体表现形式吗？这时需要讲授，校园暴力行为有以下具体表现：①给受害者起侮辱性绰号，指责受害者无用、侮辱其人格等。②对受害者进行重复性的物理攻击。如拳打脚踢、掴掌拍打、推撞绊倒、拉扯头发；使用管制刀具、棍棒等攻击受害者。③干涉受害者的个人财产、教科书、衣裳等，损坏或通过它们嘲笑受害者。④欺凌者明显比受害者强，而欺凌是在受害者未能保护自己的情况下发生。⑤传播关于受害者的消极谣言和闲话。⑥恐吓、威迫受害者做他或她不想要做的，威胁受害者听从其命令。⑦让受害者遭遇麻烦，或令受害者招致处分。⑧中伤、讥讽、贬议、评论受害者的体貌、性取向、宗教、种族、收入水平、国籍、家人或其他。⑨分派系结党，孤立或排挤受害者。⑩敲诈，强索金钱或物品。⑪画侮辱画。⑫网上欺凌，即在网络日志或论坛上发表具有人身攻击成分的言论。

当学生了解该知识后，仍然需要学生们现场演练，在轻松愉快的氛围中学会该知识。

②校园暴力事件形成的原因。教师出示图片，向学生们提问：大家知道为什么会发生校园暴力事件吗？

（学生纷纷回答，积极发言）

教师总结：学校暴力事件形成的原因主要有以下几个方面，青少年个性张扬中的偏狭、自私与冷酷；青少年万千宠爱集一身的价值取向错觉；教育惩戒功能丧失后的放纵；教师权威地位颠覆后问题归属的误判；对强权政治、黑恶势力、暴力游戏与灰色文学的认同与膜拜等。

学生们演练。

3. 巩固提问

这节课主要讲述了校园暴力的定义、具体表现以及形成原因，请同学们回忆一下，并正确地说出来。

4. 课堂小结

今天真是收获不少，学到了很多知识。同学们，从家里到学校，我们要牢记行走路线，熟悉周边状况和可能碰到的危险，严格践行今天学的知识，避免不安全行为的发生。

【简要评析】

以上是教师在课堂上对学生进行有效教育教学的过程，在轻松的教育教学过程中，学生们熟悉和掌握了必要的校园安全知识，达到了有效规避学校暴力事件的目的。校园暴力从表面上看只是一种个别的、简单的社会现象，其实具有深层复杂的社会心理背景。它给青少年造成的危害，远远不仅是身体上的创伤，更严重的是会导致孩子们心灵的扭曲，在孩子幼小的心灵中播下仇恨的种子，危害无穷。如果此种现象任其发展蔓延，必将危害一代人的健康成长，甚至会毁掉年青一代，这将会阻碍国家的长远发展和社会的不断进步。对此，学校、家长和社会绝不能等闲视之。借助以上的教学设计，教师就能够很好地为学生上好安全教育课，同时还进一步拓展了学生们的眼界，提高了学生们安全的意识，是一个典型的积极教育初中学生之间和睦相处、勇敢反抗欺侮和校园暴力的教学设计。

【例2】

积极预防和应对校园暴力事件

（一）教学目标

（1）了解一些常见的校园暴力表现形式。

（2）通过教学过程的开展，引导学生了解、掌握在上学、放学路上积极预防、避免和应对校园暴力事件的基本常识，培养和提高学生在日常出行和突发暴力安全事件时正确应对事故的能力。

（3）通过相关案例，引导学生认识校园暴力事件的危害性，培养学生们的安全意识。

（二）教学准备

收集中学生在上学、放学路上发生的学校暴力安全事故案例文字资料、图片资料和视频资料，制作内容丰富、生动形象的课件以辅助课堂教学。

（三）教学过程

1. 谈话导入，揭示课题

（1）通过相关事故的图片导入，引导学生谈感受，体会学校暴力安全事故给学生的健康和生命带来的危害与影响。

(2) 教师小结：校园，是莘莘学子追求知识的场所，是知识渊博的教师授业解惑的地方，本应是充满欢声笑语，本应是书声琅琅、温馨和睦的港湾，但曾几何时，校园这块往日的净土已不再平静。在我国城乡中小学校园内，以打架斗殴、欺侮学生、勒索钱物、残害师生、逞凶作歹为典型表现形式的校园暴力有蔓延发展的趋势，并且日益成为校园中一颗亟待拔出的“毒瘤”。

(板书课题：积极预防和应对校园暴力事件)

2. 真实再现，警钟长鸣

(1) 首先，请中学生了解有关的校园暴力事件的案例，想一想，这几个案例分别讲述了什么内容？有什么感想？

引导学生通过读、悟、谈，认识学校暴力事件的惨痛教训和提高安全自护意识的重要性。

(2) 学生们还从课外收集到了哪些校园暴力事件的案例？通过这些案例，又有什么感受和体会？

引导学生展示收集的文字资料和图片资料，进一步深化对校园暴力事件危害的认识。

(3) 老师收集了一部分关于校园暴力事件的资料，请大家观看阅读后在小组内交流感受和体会。

播放课件，展示更加丰富的相关文字、图片和视频资料，引导学生在小组内交流感受和体会。

3. 行动在线，情景模拟

(1) 了解了校园暴力事件的危害后，那么，我们如何才能远离危险，在上学、放学的路上保护好自己的人身安全呢？接下来就让我们走进“行动在线”吧！

(2) 学生思考后交流下列问题。

①我们在校园里，或者是上学、放学的路上，是否容易发生校园暴力事件？为什么？

②在校园里，或者是上学、放学时，我们该如何积极地避免、预防和规避校园暴力事件？为什么？

(3) 小组合作，情境模拟演示，教师引导、学生适时评议并进一步探究缘由。

4. 拓展延伸，巩固提升

(1) 学生思考：我们在学校里，或者是在上学、放学的途中，还应该注意哪些安全问题？

重点引导学生根据自己上学、放学的实际情况具体谈。

(2) 一旦我们遇到校园暴力事件，我们应该怎么做？

先引导学生自己谈理解、谈体会，然后在小组内交流，进一步厘清认识。

小组汇报交流，老师引导学生进行合理补充。

5. 回顾总结，畅谈收获

引导学生交流学习本课后的感想和收获。

6. 布置作业

收集相关案例，了解其特征和作用；观察生活中各类校园暴力的发生，并学会正确处理。

【简要评析】

上面的教学设计是一个典型的积极倡导初中同学之间应该和睦相处、共同抵制校园暴力的教学设计。教师如果能够紧扣该教学实例，在课堂上对学生进行教育教学，就可以在轻松的教育教学过程中让学生们熟悉和掌握必要的知识，以达到有效教育学生，给学生上好安全教育课的目的。初中，是行为习惯培养的重要时期，应抓住这一有利时机，及早让初中学生学习一定的勇敢抵制校园暴力的知识，这有利于培养他们的综合素质及能力。另外，根据上面的教学实例，教师应教会学生生活中难免会遇到不同形式的暴力事件，关键就是看如何去面对，如何让自己保持勇敢的意志。最后，教师还应注意导引学生聪明、机智和有“技巧”地应对校园暴力事件。

三、教学素材

相关案例

初三学生上课期间被同学带到厕所殴打。据《京华时报》报道，2013

年5月9日，某中学初三的学生杜某在下午第二节课后，下楼准备去操场上体育课时被同学陈某等5人带到操场西南角的厕所里，同学张某先给了杜某50个耳光。打完之后，其他两个学生强行脱下杜某的裤子和衣服，其中一人点燃一张手纸，让杜某拿着一直到烧完。杜某不答应，结果被他们用烟头在背后烫了两下。后来，一个拿着烟头的学生提议要将烟头塞进杜某的肛门里，后被别人劝阻。随后，一名学生拿起一个盛满土的铁簸箕朝杜某砸去。经法医鉴定，杜某的伤情为轻伤。经事后了解，这样恶性的事件，起因竟只是杜某在5月8日没有借给陈某自行车。杜某随后将5名打人者和学校一同告上法庭，要求他们赔偿精神和医疗损失。法院审理后认定，实施殴打行为的5名被告，按照其责任大小应承担不同比例的赔偿责任，并赔付总额为3万元的精神抚慰金。所在中学对学生疏于管理，未能对学生考勤予以必要的注意，致使杜某在校内被长时间殴打，需承担杜某医药费、交通费的10%。

四、知识链接

之前，我们提到了学校暴力事件形成的原因，以下是我们的具体分析。

1. 青少年个性张扬中的狭隘、自私与冷酷

相当多的家长越来越困惑于读不懂自己的孩子。孩子越大，接受的知识越多，和家长间的隔阂往往就越深。其实这种隔阂的焦点，就是两种不同价值取向的相互冲突。无论是做家长的，还是做子女的，都是立足在自身价值取向的基础上，试图用自己的价值观来规范对方的行为，这就势必产生矛盾。

问题的关键是总有少数家长的价值取向是非理性的，甚至是自相矛盾的。一方面，家长总是希望孩子能在学业和品行上都出类拔萃；另一方面，出于一种原生态的本性，又时刻担心孩子遭受挫折或蒙受委屈，这种两难中的家长，大多学会了通过物质或其他途径来补偿的办法，以此来求得自己内心的平衡。

然而这种补偿多数情况下被演化成了一种放纵——文化课学习之外的

放纵。由于放纵，孩子个性中的很多弱点被淡化、忽视，许多违反行为规范的举动被认可甚至纵容。这些小错的点滴积累，慢慢地养成了孩子个性中的狭隘、自私与冷酷，使得孩子在处理问题时不能通过理性和规范来约束行为，而是率性而为、不顾后果。因为从小到大，在相当多的孩子的脑海中，就没有储存过关爱他人、与人为善的传统美德。写满他们人生词典的都是残酷的竞争，是为了目的而不择手段。

正是这种极端的以个人为中心的思想，养成了孩子唯我独尊的畸形心态，形成了遇事只考虑自身利益、漠视他人存在的狭隘性格。在这种心态的支配下，一旦自身利益受到了外界的侵犯，就立刻会采取一些极端行为来进行反击，其中就不乏通过伤害对方身体或者性命来发泄自身愤怒的残忍的“江湖仇杀”行为。

2. 青少年万千宠爱集一身的价值取向错觉

随着独生子女现象的出现，“4 +2 +1”的家庭结构形式，使得 1 个孩子处于 6 个成年人浓浓关爱的包围中。这 6 份关爱的交汇，织成了一张厚重而温柔的网，呵护起孩子从童年到青年的一切，遮挡住孩子可能遭受的挫折和坎坷。

但正是这爱的网，人为地割裂了个体的孩子和整个社会的有机交融，使得孩子的活动，绝大多数情况下被局限在这要风有风要雨得雨的狭隘范围内。在这个狭小的家庭王国中，孩子是当然的国王，是可以左右家庭一切活动的最高权威。孩子的要求，无论是对的还是错的，多数情况下，总会获得满足。于是，一切的付出都开始扭曲了，成了一种理所当然的支出。孩子心灵的田园，丧失了感恩的思想，只有唯我独尊的蔓草没有约束的蔓延。

当孩子的心中充斥以自我为中心的思想意识之后，他的价值取向也就滑入了错觉的泥淖中。这种错觉养成了他不能承受任何轻视、嘲弄，更不能承受肉体和精神伤害的脆弱心理。而一旦这样的伤害成为事实之后，他们总是无法应对，只会一味地躲避退让，最终成为忍气吞声的被伤害者；或是恼羞成怒，愤然出击，选择他们认为最好的“江湖”方法来解决问题。

更严重的是，在极端宠爱中长大的孩子，往往自觉不自觉中就形成了别人必须听从于我的错觉。他们把这种错觉带入了校园，在和同学交往的过程中，总是希望时时刻刻能占上风，希望大家都能听命于自己，希望自己是“老大”。然而，有这样心态的孩子太多，“老大”却只能是一个，矛盾自然也就产生了。大家都要做“老大”，学校又不可能来排这样的位次，家长对此也无能为力，如何解决呢？只有用从小说和电视上学来的方法，通过“江湖决战”来解决问题。而这样的“老大”形成后，其自身又确实能体味到一种满足，其他弱小者为了不被欺凌，或主动或被迫地总要讨好他们。如此，又反过来助长了他们的病态心理需要。

3. 教育惩戒功能丧失后的放纵

当教育民主被哄抬到不切实际的高度后，教育就成了一个什么人都可以指手画脚的行业。教育的神圣外衣被媒体用尖刻的文字描绘成了一个令人望而生厌的黑斗篷。从事阳光下最伟大的事业的教师，也时常被打上负面的形象标签。所以，绝大多数学校再不敢轻易地处分一个学生，哪怕这个学生已经无恶不作。更有的省份干脆由决策机构下文来统一规定，彻底废除中小学校园沿袭多年的最高处分——开除。

然而，教育永远都不是万能的。失去了必要的惩戒功能后的校园，并没有出现想象中的那种人人知书达礼的好现象，反而是因为没有了高悬在头顶的“达摩克利斯之剑”，一些原本收敛的恶行便都敢于公开表现出来。这些校园病毒又相互感染，使得原本健康的校园文化肌体上开始出现块块腐烂的肌肉。

惩戒功能的丧失，催动了畸形心理的自由萌发，使得丑陋变得无所畏惧；反过来，这些个性中的丑陋，又在惩戒的日益退缩中越发强大起来，并慢慢地自发凝结成一个个团体，形成了带有明显江湖色彩的小集团。这些小集团，常常为了点滴小事而发生殴斗，甚至是团伙持械打架斗殴，严重干扰了正常的学校教学，也直接危害了社会治安。但即使如此，学校能采用的，也还是一个说服教育。这种说服教育和那血淋淋的砍杀相比照，是多么苍白无力！

4. 教师权威地位颠覆后问题归属的误判

与教育惩戒功能丧失同步的，是“师道”的尊严扫地。在中学生，特别是高中生的眼中和心中，教师仅仅成为一种最没有用的读书人的代名词。教师失去了应该获得的尊重和感恩，师生间的关系、教师和家长间的关系也日趋微妙。在相当多的家长和学生心口中，教师成了单一的出售知识的人。家长、学生与教师间的关系，就是一种顾客和销售员的关系。这种价值取向，又反过来影响着教师们的工作情绪，使得一些教师也自动地进入家长和学生划定的这个“售货员”的角色中，成了除教授知识别的就一概不加过问的“甩手掌柜”了。

教师权威地位颠覆带来的后果是很明显的。首先，师生间丧失了一种相互的理解和信任。学生遇见了无法解决的问题，不再愿意去征询老师的意见，不愿意向老师敞开自己的心扉；而老师也是只从表面上依照学校的量化条款来接近学生，在心灵深处的空间中，却很少有一块领地能真正属于学生。学生和教师成了真正的被管理者和管理者的关系。其次，同学间发生纠葛时，告诉老师并请老师帮助解决成了一种无能的体现。而且，大多数的学生还认为老师根本就解决不了问题，要切实解决好纠纷，依靠的只能是自己的力量和自己所归属的小团体的力量。可以说，学生们在推翻教师的权威地位后，又依照自己的经验，确立起了通过强权来获取尊严并替代教师权威的新的地位观。

这种完全依照少年的懵懂而生发出来的新地位观，眼下正成为越来越多的中学生的价值信仰。在此信仰的操纵下，同学间的纠纷便有了新的“处理条例”，力量、财富和容貌等世俗社会用来评价判断人的标准，成了这新的“处理条例”的基础，也成了裁定问题归属的新权威。这“法外法”撇开了所有发生矛盾时该走的正道，刻意把原本简单的问题，上升到类似江湖纷争的地步，使得单纯的校园，平添了几分恐怖江湖的气氛。

5. 对强权政治、黑恶势力、暴力游戏与灰色文学的认同与膜拜

相对于书本的说教，游戏和影视文学以其鲜明生动的形象特征，在更宽广的思想空间上影响甚至左右了青少年，特别是广大中学生的道德和价值评判。暴力游戏的快意杀戮，港台影视的黑社会英雄，在青少年心底播种的就是一种根深蒂固的对邪恶的认同和膜拜。

这种建立在非理性基础上的认同和膜拜，内化后又成了部分“问题少年”处世的准则，使得他们在待人接物等多方面都体现出一种对主流社会的反叛和仇视。因为反叛，他们便只想依照自己的规矩行事；因为仇视，他们便采用极端手段来对待他人。

第二课　青春烦恼要抛弃

一、教学内容

初中阶段的中学生已经进入了青春期，生理和心理上的变化使得他们极易产生这样或那样的烦恼，早恋就是其中典型的代表。在中国，“早恋”一词带有长辈一方的否定性感情色彩，一般指18岁以下的青少年之间发生的爱情。经过调查表明，在中学阶段发生过感情的人很多，而大多数都是暗恋、单相思，只有相互有好感，才能发展为早恋。

早恋行为是青少年性生理发育的结果，也是心理转化为行为的实践。在一定程度上说，早恋并不是一件坏事，恋爱会使人兴奋，更容易学得进去。但是，早恋行为给广大的初中生带来的烦恼已经成为当下不容忽视的问题。所以，我们要正确看待和处理早恋问题，抛弃青春烦恼，好好学习，健康成长。

（一）早恋的内涵

早恋，按字面上的意思来理解，就是过早恋爱。换言之，就是青春期恋爱，指的是未成年男女建立恋爱关系或对异性感兴趣、痴情或暗恋。严格来说，男女双方都向对方告白，才能称为恋爱。如果没有过告白行为，就不能称为恋爱，不能称为恋爱就更不能称为早恋。只有有了告白行为（情书、直接告白等）才能算是恋爱，算是恋爱之后，才能根据受教育阶段判断是否为早恋。

早恋并不是一个正式和专业的词语，将初中生由于正常生理和心理发展造成的对异性的爱慕归为“早恋”，显然不科学。一般认为，青少年恋爱会带来很多问题，如影响青少年的身心健康和学业成绩等，尤其对女孩更为明显，但一般不会有太严重的影响。早恋常常以失败告终，很少出现早恋能够终身厮守的；也有人认为，早恋是青少年男女关系的探索和学习，为将来的恋爱与婚姻做准备，不宜过分禁止或压制。

（二）早恋的特点

1. 朦胧性

初中生对于早恋发展的结局并不明确，早恋的初中生仅仅是渴望与异性单独接触，而对未来家庭的组建、处理恋爱和学业之间关系、区别友谊和爱情等问题都缺乏明确的认识。

2. 差异性

初中生的早恋行为有明显的差异。在行为方式上，极其隐蔽，通过书信、电话或者网络等传递感情，进行秘密的私下沟通和感情交流，家长和老师难以发现。在程度上，大多数初中生早恋者还主要是交流感情，或者一起玩耍；从人际关系上看，一般没有超出正常的朋友关系，但有的关系发展得很深，除了交流感情外，有时甚至发生性关系。在年龄的喜好上，女孩通常喜欢比自己年龄大、比较成熟的男孩，而男孩则通常喜欢比自己年龄小的女孩，且在交往中体现自己的阳刚之气。

3. 变异性

友情是充满变化、极不稳定的，因为初中生往往欠缺处理人际关系的技巧及经历，导致双方缺乏互信；关系一般都难以持久。正是这样，常常给双方的心理造成痛苦。

4. 矛盾性

早恋的初中生其内心充满了矛盾，既想和其喜欢的异性接触，又害怕被父母发现。可以说早恋的过程中愉快和痛苦是并存的，对于暗恋的早恋者而言，这种矛盾性还表现在是否向爱慕者宣示爱意的矛盾。

（三）早恋的表现

初中生进入青春期后，出现对异性的爱慕倾向，会主动接近自己喜欢的异性，双方交往频繁，相互倾心，早恋的表现主要包括以下三点：

（1）由性冲动和外在吸引而产生，缺乏思想情感方面的考虑。

（2）缺乏责任感和伦理道德观念的约束，易发生性行为。

（3）彼此往往是由双方身上的某一方面的优点产生倾慕之情，缺乏对对方的全面评价。

二、教学设计

【例1】

“早恋”行为需引导

(一)教学目标

(1)引导初中生了解、掌握“早恋”的基本常识。

(2)通过教学过程的开展，让学生懂得早恋问题如果不正确处理就会给自己带来不必要的烦恼，给家人及其他人带来伤害等。

(3)教会学生们在遇到“早恋”困扰时要及时与老师或家长进行沟通，正确应对早恋问题。

(二)教学准备

收集初中生因为“早恋”问题而发生的意外事故案例文字资料、图片资料和视频资料，制作内容丰富、生动形象的课件以辅助课堂教学。

(三)教学过程

1.谈话导入，揭示课题

(1)通过相关“早恋”问题的图片导入，引导初中生谈感受，体会由于没有正确处理“早恋”问题而给学生们的身心健康甚至是生命带来的危害与影响。

(2)教师小结：随着社会的进步，初中生早恋已成为现代社会面临的新问题。如何才能做到正确应对和处理“早恋”问题呢？我们今天就来学习“应对早恋有忠告”这一课。

(板书课题：对“早恋”的忠告)

2.真实再现，警钟长鸣

(1)首先，请学生了解有关的因为没有正确处理“早恋”问题而引发的初中生身心受伤甚至是付出鲜活生命的事故案例，想一想，这几个案例分别讲述了什么内容？你有什么感想？

引导学生通过读、悟、谈，认识此类事故的惨痛教训和提高应对自护意识的重要性。

(2)学生们还从课外收集到了哪些应对“早恋”的正确措施？通过学

习本节课，有什么感受和体会？

引导学生展示收集的资料，进一步深化对“早恋”危害的认识。

(3) 老师收集了一部分关于“早恋”危害的资料，请大家观看、阅读后在小组内交流感受和体会。

播放课件，展示更为丰富的相关文字、图片和视频资料，引导学生在小组内交流感受和体会。

3. 行动在线，情景模拟

(1) 了解了不正确、不恰当地处理“早恋”行为的危害后，那么，我们如何才能够远离消极影响，正确、恰当地应对和处理“早恋”行为呢？接下来就让我们走进“行动在线”吧！

(2) 学生思考后交流下列问题：

①“早恋”行为的概念、特征、类型、形成原因以及正确应对“早恋”现象的引导措施等相关知识。

②你对“早恋”的看法，支持还是反对？为什么？

(3) 小组合作，组织情境模拟演示，教师引导、学生们适时评议并进一步探究缘由。

4. 拓展延伸，巩固提升

(1) 学生思考：我们在处理“早恋”问题时，所持的态度一定就是消极否定的吗？为什么？

重点引导学生根据自己的实际来具体谈谈。

(2)“早恋”的积极影响有哪些？

先引导学生自己谈理解、谈体会，然后在小组内交流，进一步厘清认识。

小组汇报交流，老师引导学生进行合理补充。

5. 回顾总结，畅谈收获

引导学生交流学习本课后的感想和收获。

6. 布置作业

继续收集有关“早恋”问题的积极和消极影响方面的案例，辩证地思考“早恋”行为对初中生产生的影响，使学生们学会用正确的态度看待和认识“早恋”问题，并且学会用正确的方式、方法去应对和处理“早恋”

问题。

【简要评析】

早恋的青少年其内心充满了矛盾，可以说，早恋的过程中愉快和痛苦是并存的。友情是充满变化、极不稳定的，因为青少年往往欠缺处理人际关系的技巧及经历，导致双方缺乏互信，关系一般都难以持久。正是这样，常常给双方的心理造成痛苦，青少年的早恋行为有明显差异。通过上面的教学设计，教师在课堂对上面的“早恋”问题进行了有效的教育教学，在轻松的教育教学过程中让学生们熟悉和掌握必要的应对和处理“早恋”问题的正确方式，维护了学生身心健康，同时进一步拓展了学生们的眼界，是一个典型的有关初中生“早恋”问题的教学设计。

【例2】

正确处理早恋问题

（一）教学目标

（1）了解早恋的基本知识。

（2）通过教学过程的开展，让初中生懂得早恋问题如果不正确处理就会给自己带来不必要的烦恼，给家人及其他人带来伤害等。

（3）了解与掌握早恋的影响及正确的引导措施等。

（二）教学准备

（1）教师与学校心理辅导员联系，收集一些与早恋相关的知识及视听资料等。

（2）教师设计引导性问题，帮助学生主动学习、积极参与。

（三）教学过程

1. 导入

早恋行为是初中生在性生理发育的结果，也是心理转化为行为的实践。早恋行为对于初中生来说，起到的是“双刃剑”的作用，不能武断地把早恋定性为不利于初中生健康成长的消极因素。因此，老师要鼓励学生自主学习该知识。可以把相关的知识制作成幻灯片进行播放，看后让学生们想一想、说一说自己对早恋的认识。结合学生的实际，讨论一下还应该注意些什么问题，也可以通过具体的有关早恋危害的案例，让学生们围绕案例发现问题，分析原因，以此来引入本节课的内容。

2. 教授新内容

本节课由两部分组成：一部分是通过教师的讲授让学生们认识早恋行为的具体类型及表现；另一部分是通过学生们的主动参与来掌握出现这些具体表现的原因。

(1) 早恋行为的类型及表现。可以将早恋行为的具体类型表现做成挂图、幻灯片或者多媒体等课件，出示给学生们观看，然后让学生们说说自己是否认识或者认同这些行为，接下来让学生们说说自己是否亲身经历过这些行为。通过讲授，使学生们从中了解早恋的“双刃剑”作用。

①早恋行为的类型。老师根据现实生活中的实际情况列举出“早恋”的行为和现象，让学生们试着说说这些行为都属于“早恋”的哪种类型。

(学生会说出不同的答案)

老师得出结论：早恋行为是初中生性生理发育的结果，对于初中生来说，早恋行为起到的是“双刃剑”的作用，早恋的类型主要可以归纳为下面几种：

a. 爱慕型。这类初中生是由于互相之间对对方的爱慕而产生的早恋现象。这类早恋十分常见，而根据爱慕原因的不同，又可分为三类：一是仪表型，这类早恋是由于爱慕对方外在的仪表而产生的，也是最常见，但最难以持续和稳定的。学校中总有英俊的男生和漂亮的女生备受异性追崇，就是含有这个因素。二是专长型，这是由于爱慕对方的某项自己崇尚的能力或专长而产生的早恋。这类早恋常常是女孩采取主动。三是品性型，这类早恋是由于爱慕对方的某些自己崇尚的品性而产生的早恋，这相比而言维持得比较持久。

b. 好奇型。这是因为对异性留有的好奇心而产生的早恋现象。性意识的不断发展使得初中生会产生对异性身体、生活、心理和对自己态度的好奇，初中生容易产生性冲动，从而对异性保持一种敏感的态度，为了满足这种好奇心而结交异性朋友。

c. 从众型。这是迫于周围同龄人的压力产生的早恋现象。例如，本来不存在的恋爱关系，可能被周围的人杜撰出来，即“谣言”或者“绯闻”。在这样的环境下，迫于舆论的压力，很容易对其产生爱慕之心。

d. 愉悦型。青春期男女之间作为同学甚至同桌，由于较多的交流和信息传递，会对对方产生更为细致和透彻的理解，在这种状况下容易产生早恋。这也是“同班恋”甚至“同桌恋”的重要原因。

e. 逆反型。由于社会意识和舆论的因素，初中生的两性交往常会受到家长、老师的不恰当干预，容易诱发其“你们不许我这样做，我偏要这样做”的心理。在这种逆反心理的作用下，本来正常恰当的异性交往可能迅速向早恋的方向发展。

②早恋的表现。老师在上课前准备了幻灯片，放映一些有关“早恋”的积极影响和消极危害两个方面的案例、图片和漫画等资料。

启发学生们：这样的情景，在校园里，我们同学自己的身边都可能会碰到，甚至，这些情况还会发生在我们同学身边。当碰上如此情况，我们想过应该怎样正确应对吗?

(学生开始做适当讨论并回答)

老师最后总结：初中生早恋的九种信号不容忽视。第一，孩子变得特别爱打扮，注意修饰自己，常对着镜子左顾右盼。第二，成绩突然下降，上课注意力不集中。第三，活泼好动的孩子突然变得沉默，不愿和父母多说话。第四，在家坐不住，经常找借口外出，瞒着父母在公园、歌厅等场所，有时还说谎。第五，放学回家喜欢一个人躲在房间里，或待在一边想心事，时常走神发呆。第六，情绪起伏大，有时兴奋，有时忧郁，有时烦躁不安，做事无耐心。第七，突然对描写爱情的文艺作品、电影、电视感兴趣。第八，突然喜欢谈论男女之间的事。第九，背着家长偷偷写信，写日记，看到别人立即掩饰。另外，处于早恋之中的初中生，往往表现出一些反常现象。比如，上课分心走神、精神恍惚，学习成绩突然下降；情绪起伏大，心神不宁；开始注意打扮，突然大手大脚花钱，善于在某个异性面前表现自己；突然有人寄信、打电话来，但寄信人、打电话人不留地址、姓名；经常与某一异性交往，甚至发生各种越轨行为等。上述“早恋”可能的表现行为虽然不能一概而论，但是应当引起我们的高度重视。

接下来设计出学生模拟情境，巩固学习成果。

(2) 早恋行为的原因。前面学生们了解了“早恋”主要的类型和表现，接下来要同学们了解为什么会出现早恋行为，即早恋行为的原因。

老师根据现实生活中的实际情况列举出一些“早恋”的现象，设想这样的情况容易造成怎样的后果？导致这些后果的原因又是什么？

（学生会说出不同的后果，并就“早恋”的原因展开讨论）

老师得出结论，随着社会的进步，初中生早恋已成为现代社会面临的新问题，促成早恋的因素包括以下几个方面。

（1）青春期性生理和性心理发育的自然本能作用。进入青春期的初中生随着生理的发展开始产生性意识。他们开始敏感地看待男女同学间的交往，他们注视着异性同学有关自己的一举一动。逐渐地，在众多男女共同交往中逐渐由对群体异性的好感转向对个别异性的依恋，形成一对一交往的行动，即进行早恋。

（2）青春期教育的缺乏。青春期如何进行健康的异性交往，如何正确区分友情与爱情等。初中生缺乏这些知识，又无行为规范训练，客观条件往往也造成与异性交往的阻力，缺乏与异性朋友建立纯真友谊的条件。

（3）初中生独立意识的作用。他们对成人世界盲目向往和追求，以为能恋爱就代表自己的成熟，而忽视了自身心理素质的培养、锻炼和提高，是缺乏理智的表现。

（4）学校中一些因素的影响。这方面的例子包括，班干部因工作上接触的机会多，被双方的工作能力和性格所吸引；有些同学的学习压力大，为了寻求刺激；有些同学对学习失去兴趣，把精力转移到对异性的追求上，以填补精神上的空虚；校园里一些同学公开早恋的诱惑等，都是促成初中生早恋的因素。

（5）家庭因素。初中生早恋与家庭有着密切的关系，比如，父母离异，孩子缺乏家庭的温暖；父母缺乏对孩子进行性知识教育，使孩子不能正确处理与异性之间的关系；父母在孩子面前过分亲昵；对孩子所看的书籍、影视录像等不加限制；有的家长对孩子和异性交往不加以指导等，都是促成中学生早恋的因素。

（6）社会因素。初中生受到一些社会现象的影响容易引发“早恋”行为。

然后，请同学们讨论自己对于早恋问题的看法。

在愉快的讨论中，同学们掌握了该项知识。

3. 巩固提问

这节课主要讲了早恋的类型及表现、早恋的原因等内容，请同学们回忆一下，并正确地说出来。

4. 课堂小结

今天真是收获不少，学到了很多有关青春期“早恋”方面的知识。同学们，我们一定要牢记早恋行为的类型、表现及原因，懂得“早恋”的积极和消极影响，正确地应对“早恋”行为。

【简要评析】

上面是教师在课堂对学生的“早恋”问题进行有效教育教学的过程，教师应该紧紧围绕教学主题，发挥教学技巧，让学生们在轻松的教育教学过程中熟悉和掌握必要的应对和处理“早恋”问题的正确方式，起到培养学生正确意识、维护学生身心健康的目的。早恋行为是初中生性生理发育的结果，也是心理转化为行为的实践。通过该教学设计的教育教学，能够进一步拓展学生们的眼界，是一个典型的有关初中学生“早恋”问题的教学设计。

三、教学素材

相关案例

小丽念初二，是班里的班长，学校的学生会干部，她和学校初三的一个男生小刚谈恋爱了。小丽说，小刚对她很好，从不要求自己为他做什么，总是想着多去照顾小丽。一次，小丽听说小刚复习需要的书刚好自己这里有，小丽托人带给小刚，但是小刚就是不要，小刚说他自己想办法。

小刚常常送些小东西给小丽，有什么好吃的都想着带给小丽。现在小丽的学习成绩下降了不少，而且上课也没心思。小丽说，她觉得谈恋爱也没有很大意思。她有自己的理想，小丽的妈妈是一名检察官，小丽以后是想要做一名律师的。

最近小丽发现班主任对她不满意，班长换人了，学习成绩也上不去，小丽心里知道再不能这样下去。可是，小刚对小丽说，如果要分手，他就不参加中考了。因为小刚家不是本地的，是下面县市的，小刚是体育特长生，最近参加了很多学校的招考，他拼命想留在这里，就是想和小丽在一起。小刚告诉小丽，如果小丽要和他分手，这一切就都没有意义了。可是学校学费很贵，小刚读了三年，他父母为他付出了很多。小丽想，如果因为自己的原因小刚放弃了中考，自己实在不敢想这个后果。现在小丽天天想这件事情，压力很大，不知道怎么办才好。

基于上述情况，调整好心态，对他们进行必要指导，具体步骤如下：

第一，指导孩子提高认识，正视早恋。有意识地创造条件，让孩子多阅读青春期刊物，了解青春期的躁动是一种正常现象，是青春期性生理和性心理发育的自然本能导致的，因此，不必有负罪感。

第二，鼓励孩子尽量与同学正常交往。

第三，帮助孩子展望未来，权衡利弊。初中生的当务之急就是学好文化知识，这种情感严重影响了学习情绪。试想没有前程怎会有美满的情感生活?

第四，强化“高尚的友谊比爱情更伟大”的意识，为自己留一段美好的青春回忆。

吴某、刘某，系学校八年级学生，两人在六年级时就同班至今，拥有较深厚的友谊。在青春发育期，两人关系由正常的同学关系转化成为“早恋”。两人经常在课后、晚自习放学后在无人之处交谈。上课期间，还经常传纸条等，这严重影响了他们的学习。

个案生活背景

（1）家庭情况：刘某，长期跟随外婆生活。外婆、外公对其十分宠爱，从不相信老师、其他人对刘某的评价。父母均在温州打工，没有时间来关注刘某的成长。刘某父母也与学校、老师联系较少，一年多也不曾有一次电话联系。

吴某，长期跟随爷爷奶奶生活。父亲出国在外，抚养教育孩子的义务全部落到母亲头上，但由于夫妻感情不好及其他家庭原因，母亲一怒之下，独身前往温州打工，不管孩子的成长教育。吴某还有哥哥同在学校读书，其哥哥也无心学习，多次想要退学，行为习惯较差，不服从学校和老师的管理。

(2) 家庭经济情况：刘某父母在外打工，家庭收入一般。但相对农村其他学生而言，经济状况属于中上水平，因此他自己有较强的自我满足心理。吴某父亲出国打工，母亲也在外赚钱，因此家庭经济较富裕。刘某和吴某的经济状况在班级里属于中上水平，每周都有较多的零花钱。

(3) 家庭教育情况：刘某，父母在温州打工，常年不回家。外公、外婆的教育方式纯属溺爱，几乎没有指责、批评。导致刘某在校也不服从学校、老师的意见和建议。吴某，父亲出国，几乎中断与孩子的联系，只负责基本的抚养经费。抚养、教育孩子的责任也就由爷爷奶奶承担。

案例分析

早恋是初中生在青春期性成熟过程中，两性之间出现的一种过度亲密的互相接近、过早建立恋爱关系的行为。初中生谈恋爱，属于早恋行为，现在多数人称早恋为“交往过密”。少男少女因为性发育开始成熟，本能地产生互相爱慕的情感。有的人表现为独自的单相思，有的人突破了羞涩的束缚，递纸条，约会，互相倾吐爱恋之心，借口互相帮助而形影不离，个别人则还发生进一步的两性接触。

刘某、吴某则是由家庭教育不到位、学校、老师教育不到位和自身原因共同导致的。家庭从来没有早恋这种观念，爷爷奶奶一直对吴某说他们这个年代像十七八岁的女孩子早就结婚生子之类的封建观念，导致吴某的思想上产生错误的观念。学校里面，学校领导和老师，在男女同学交往上设置种种限制，对突破限制的同学横加指责。结果，“禁果分外甜”，限制反而引起了他们的好奇，找机会尝试恋爱的滋味。其实在刚开始交往的时候，他们之间只有懵懵懂懂的好感，行为上也没有那么出格，但他们俩之间的接触多一些，就被其他同学哄成“恋爱”，班级里面大家都拿他们开玩笑，说他们谈恋爱。因此，刘某和吴某就有种被“逼上梁山”的感觉，干脆破罐子破摔。

个案指导

观察、了解到两人早恋的情况后，以通过多样、生动活泼的活动，把学生的精力吸引到学习中为指导，疏通他们的心理障碍，帮忙他们走出早恋的现状。

首先，正面说理，启发诱导的方法，指出早恋的危害。教育吴某学会宣泄和转移。所谓宣泄，就是把自己的苦恼告诉自己最信赖的人，一吐为快，或把不良情绪宣泄在日记中，以此来减轻心理压力。所谓转移，就是要充实自己的生活，多关心国家大事，多参加集体活动，把自己放到集体中去交更多的朋友，使生活变得丰富多彩，把主要精力集中到学习上。

其次，恩威并用，多关心他们的学习、生活，用支持疗法给予适当的理解，同时要以校规校纪、道德、法律不允许，经济不能自立相警告，特别指出这样下去往往会失身或失足，造成终身遗憾。

最后，及时与双方家长取得联系，相互配合，要劝告家长不要伤害孩子的自尊心，不要采取打骂等过激行为。

案例思考

正确对待初中生的“早恋”方法有很多，主要还是要适时、适度地对待这个问题，关键在于尊重学生、理解学生，用自己真诚的心去爱学生，去关心学生，相信学生，这样才能处理好中学生的早恋问题。总之，面对早恋我们既不能把它当成洪水猛兽、如临大敌；也不能听之任之，任其发展；要坚持积极疏导，热情帮助。同时更需要学生们自己去积极调整心态，用理性战胜自己。老师一定要重视学生的“早恋”问题，端正自己的态度，明确自己对“早恋”问题的认识，用关心和智慧引导学生走出“早恋”的沼泽，迎接美好的明天。

四、知识链接

我们应该如何正确对待和引导青春期学生的“早恋”问题

1. 提高认识，着重疏导，不可盲目地批评和粗暴地扼杀

“早恋”通常意义上是指发生在生活、经济上还不能完全独立，同时又比法定结婚年龄小很多的青少年这一特定群体里的恋爱行为。对待这个问题的态度只能是积极疏导和适当限制，而不是盲目地批评和粗暴地扼杀。否则很可能造成孩子逆反心理或恐惧心理，导致不能正确处理和异性之间的关系，从而为以后的恋爱、婚姻埋下隐患。因此，面对初中生的“早恋”行为，老师（尤其是班主任）和家长都应该加以恰当引导，告诉他们什么是健康的“爱”。

2. 家校联合，加强沟通，生活和感情上给予尊重和关爱

在发生“早恋”的初中生中，绝大多数都涉及问题家庭。有的家庭父母离异，有的家庭存在暴力，有的家庭婆媳关系紧张，等等。这些家庭的孩子在生活上享受不到家庭成员之间的宽容和关爱，感情上缺乏温暖和尊重。大人们疲惫于生活，繁忙于工作，没有时间去关注孩子的需要，忽视了孩子在成长过程中的生理和心理的发展问题。于是，在这样的家庭环境中长大的孩子就非常渴望有人分担他（她）的心事，有人给予他（她）理解和抚慰，而此时，情窦初开的异性同学就成了最好的倾诉对象。老师和家长往往把孩子发生早恋视作洪水猛兽，批评训斥是家常便饭，辱骂痛打也大有人在。初中生的人格还处于相对不完善阶段，老师的批评、父母的责骂、学习的压力都会成为他们幼小心灵的天平向同龄异性倾斜的动力。因此，对于初中生发生的“早恋”行为，老师和父母们首先要做的不是对孩子的训斥和打骂，而是应该反省自身在日常的生活中是否经常和孩子沟通，是否给予了孩子足够的尊重和温暖。当孩子把老师和家长当作自己的朋友，什么心里话都愿意和他交流时；当老师和家长成为孩子亲密的朋友，成为他们信赖的人，能理智地帮助他们分析利弊时，“早恋”的问题就能得到妥善的处理。

3. 开展活动，友爱互助，积极倡导同异性的健康交往

在青春期对异性产生蒙眬的好感甚至在一定程度上的“单相思”，这可能是我们每个人都曾经有过的共同经历，这也是一种正常的心理过程，所以，我们在处理这个问题时，不能把初中生的这种思想倾向过早地定义为“早恋”。但是，由于我们的老师和家长把他们视作洪水猛兽，过分严厉的批评和苛刻的责骂，一下子就会把孩子吓坏。在他们处于孤立无援的状态下，老师和家长的行为往往促成了孩子的“早恋”。因此，在“早恋”问题的处理上既要提高警惕，又不能太过严厉。

第三课 人际交往要护己

一、教学内容

人际交往要护己，人际交往对于我们广大的初中生来说，是非常重要的。当今社会的青少年，尤其是初中生，刚刚接触到、体会到复杂的社会关系，他们当中的一大部分不懂，甚至缺乏有关人际交往方面的知识、技能。更进一步来说，现在的青少年基本是独生子女，来自家庭的溺爱使得他们的“自我中心”意识尤为严重，如果现在的初中生不掌握一些必要的人际交往方面的知识和技能，那么他们就很有可能受到严重的身心伤害，甚至付出生命的代价。那么，本课就来探讨一下如何教会青少年学生，特别是我国广大的初中学生群体，如何有效地进行人际交往，培养人际交往能力，并使他们能够在人际交往中保护自己，兼顾他人，团结集体，实现价值。

（一）人际交往的含义

人际交往，也称人际沟通，是指个体通过一定的语言、文字或肢体动作、表情等表达手段将某种信息传递给其他个体的过程。社会学将人际关系定义为人们在生产或生活活动过程中所建立的一种社会关系。心理学将人际关系定义为人与人在交往中建立的直接的、心理上的联系。中文常指人与人交往关系的总称，也被称为“人际交往”，包括亲属关系、朋友关系、学友（同学）关系、师生关系、雇佣关系、战友关系、同事及领导与被领导关系等。人是社会动物，每个个体均有其独特的思想、背景、态度、个性、行为模式及价值观，然而人际关系对每个人的情绪、生活、工作有很大的影响，甚至对组织气氛、组织沟通、组织运作、组织效率及个人与组织关系均有极大的影响。

（二）人际交往的原则

人际交往总是以双方的成本价值为基础，实现等价交换。人际交往的基本原则主要包括以下几个方面。

1. 尊重原则

尊重包括两个方面：自尊和尊重他人。自尊就是在各种场合都要尊重自己，维护自己的尊严，不要自暴自弃。尊重他人就是要尊重别人的生活习惯、兴趣爱好、人格和价值。只有尊重别人才能得到别人的尊重。

2. 真诚原则

只有以诚待人，胸无城府，才能产生感情的共鸣，才能收获真正的友谊。没有人会喜欢虚情假意，多少夸夸其谈都会败下阵来。

3. 宽容原则

在人际交往中，难免会产生一些不愉快的事情，甚至产生一些矛盾冲突。这时候我们就要学会宽容别人，不斤斤计较，正所谓“退一步海阔天空”。“人不犯我，我不犯人。人先犯我，礼让三分。”不要因为一些小事而陷入人际纠纷，这样我们会浪费很多时间，同时也变得很自私自利。

4. 互利合作原则

互利是指双方在满足对方需要的同时，又能得到对方的报答。人际交往永远是双向选择、双向互动。在交往的过程中，双方应互相关心、互相帮助，既要考虑双方的共同利益，又要深化感情。

5. 理解原则

理解是成功的人际交往的必要前提。理解就是我们能真正地了解对方的处境、心情、好恶、需要等，并能设身处地地关心对方。有道是“千金易得，知己难求”，人海茫茫，知音可贵，善解人意的人，永远受人欢迎。

6. 平等原则

与人交往应做到一视同仁，不要嫌贫爱富，不能因为家庭背景、地位职权等方面的原因而对人另眼相看。平等待人就不能盛气凌人。平等待人就是要学会将心比心，学会换位思考，只有平等待人，才能得到别人的平等对待。

7. 信用原则

言必信，行必果。“人无信则不立”“言而无信非君子”，我们在进行人际交往时一定要取信于人。第一，要守信，言行一致，说到做到。第二，要信任，不仅要信任别人，而且要争取赢得别人的信任。第三，不轻易许诺，要诚实，答应别人的事要尽量做到，做不到的要讲清楚，以赢得对方的理解。第四，要自信，给别人以信赖感和安全感。

（三）人际交往的重要性

1. 人际交往促进深化自我认识

在我们的交往活动中，有时候积极评价与消极评价会毁誉参半，不少人会因对自己的消极评价而产生烦恼。这就要求我们要善于调节两方面的评价，全面提高自己的综合素质。正确的自我认识，有助于我们找到自己的社会位置，扮演好自己的社会角色。

2. 人际交往促进社会化进程

人际交往是社会发展的必然产物，也是社会发展的基本前提。没有人际交往过程中所形成的各种各样的网络关系，以及人们所担当的各种各样的社会角色，社会就不成其为社会，发展也就无从谈起。人际交往与我们密不可分，是我们生活的一部分，贯穿生命的始终。良好的人际交往能力是青少年社会化的起点，是将来在社会立足的生存需要，也是为社会做贡献的本领。

3. 人际交往是实现人生价值的桥梁

人生的意义在于奉献，人际交往是我们奉献的桥梁。良好的人际交往，能让我们掌握更多的社会信息，了解人民的生活和需要，保持和人民大众的血肉联系，才能更好地为人民服务。

二、教学设计

【例1】

人际交往很重要

（一）教学目标

（1）了解什么是人际交往，什么是人际交往能力。

（2）通过教学过程的开展，懂得人际交往的不恰当处理会给自己、家人和其他人带来伤害。

(3) 通过相关案例，让学生们初步了解中学生在进行人际交往时应该遵守的原则，了解人际交往的影响及重要性等。

(二) 教学准备

(1) 教师收集一些与人际交往相关的知识及视听资料等。

(2) 教师设计引导性问题，帮助学生主动学习、积极参与。

(三) 教学过程

1. 导入

人际交往行为是青少年个体社会化的结果，也是心理转化为行为的实践。人际交往行为对于青少年学生，尤其是广大初中学生来说，起到的是“双刃剑”的作用。老师要鼓励学生自主学习该知识，可以把相关的知识制作成幻灯片进行播放，看后让学生们想一想、说一说自己对人际交往行为的认识。结合学生的实际，讨论一下还应该注意些什么问题，也可以通过具体的有关人际交往的案例，让学生们围绕案例发现问题，分析原因，以此来引入本节课的内容。

2. 教授新内容

本节课由两部分组成：一是通过教师的讲授让学生们了解什么是人际交往行为，以及人际交往行为的原则；二是通过学生们的主动参与来认识人际交往的重要性。

(1) 人际交往的重要原则。可以将人际交往的具体类型表现做成挂图、幻灯片或者多媒体等课件，出示给学生们观看，然后让学生们说说自己是否认识或者认同这些行为，接下来让学生们说说自己是否亲身经历过这些行为。通过讲授，使学生们从中了解当他们在进行人际交往时应该遵守的重要原则。

教师根据现实生活中的实际情况列举出学生们平时的人际交往行为和现象，让学生们试着说说这些行为都是否符合人际交往的原则。

(学生会说出不同的答案)

教师得出结论：人际交往总是以双方的成本价值为基础，实现等价交换。人际交往的基本原则主要包括尊重原则、真诚原则、宽容原则、互利合作原则，等等。

(2) 人际交往的重要性。老师在上课前准备幻灯片，放映一些有关人际交往行为重要性的案例、图片和漫画等资料。

启发学生们：这样的情景，在校园里，我们同学自己的身边都可能会碰到，甚至这些情况还会发生在我们同学自己身上。当碰上如此情况，我们想过应该怎样正确地应对吗？我们了解和知道人际交往能力对于我们的重要性吗？

（学生开始做适当讨论并回答）

老师最后总结：人际交往能力对于我们初中生来说，是极为重要的，因为：首先，人际交往能够促进深化自我认识，在我们的交往活动中，有时候两方面的评价会有一定的差距，不少人会因此而产生烦恼，这就要求我们要善于调节两方面的评价，全面提高自己的综合素质。其次，人际交往能力是促进初中生社会化进程的重要保证，人际交往是社会发展的必然产物，也是社会发展的基本前提。

接下来设计出学生模拟情境，巩固学习成果。

3. 巩固提问

这节课主要讲了人际交往的重要原则及重要性等内容，请同学们回忆一下，并正确地说出来。

4. 课堂小结

今天真是收获不少，学到了很多有关人际交往方面的知识。同学们，我们一定要牢记这些知识，深化自我认识，提高社会化程度，好好学习，这样才能更好地为人民服务，为社会主义现代化建设服务。

【简要评析】

人际交往能力对于初中生来说，是极为重要的。首先，人际交往能够促进深化自我认识，全面提高综合素质；其次，人际交往能力是促进初中生社会化进程的重要保证。

上面的教学设计是教师在课堂对学生的人际交往能力匮乏等问题进行有效教育教学的过程，在轻松的教育教学过程中，学生们熟悉和掌握了必要的有关人际交往的知识，培养了正确意识，维护了学生的身心健康和谐发展。

【例2】

人际交往有技巧

(一)教学目标

(1)了解什么是人际交往，什么又是人际交往能力。

(2)通过教学过程的开展，引导学生了解和掌握人际交往的技巧和秘诀。

(3)通过相关案例，引导学生了解、掌握人际交往的基本心理效应常识，教会他们在进行人际交往时应该注意的问题，以便于他们在日常的学习和生活中更加自如地和他人进行人际交往活动。

(二)教学准备

收集学生因为人际交往问题而引发的意外事故案例文字资料、图片资料和视频资料，制作内容丰富、生动形象的课件以辅助课堂教学。

(三)教学过程

1.谈话导入，揭示课题

(1)通过相关中学生人际交往问题的图片导入，引导学生谈感受，体会由于没有正确处理人际关系而给学生们的身心健康甚至是生命带来的危害与影响。

(2)教师小结：随着社会的进步，青少年人际交往能力缺乏已成为现代社会面临的新问题。如何才能做到正确应对和处理人际关系问题呢？我们今天就来学习“人际交往有技巧”这一课。

(板书课题：人际交往有技巧)

2.真实再现，警钟长鸣

(1)首先，请学生了解有关的因为没有正确处理人际关系而引发的学生身心受伤甚至是付出鲜活生命的事故案例，想一想，这几个案例分别讲述了什么内容？你有什么感想？

引导学生通过读、悟、谈，认识此类事故的惨痛教训和提高应对自护意识的重要性。

(2)学生们还从课外收集到了哪些对于提高人际交往能力、促进人际关系和谐的技巧或案例？通过学习本节课，有什么感受和体会？

引导学生展示收集的资料，进一步深化对人际交往中首先应该注意保护自己生命健康安全的认识。

(3) 老师收集了一部分关于不恰当人际交往危害的资料，大家观看、阅读后在小组内交流感受和体会。

播放课件，展示更为丰富的相关文字、图片和视频资料，引导学生在小组内交流感受和体会。

3. 行动在线，情景模拟

(1) 了解了不正确、不恰当地进行人际交往行为的危害后，我们如何才能够远离消极影响，正确、恰当地运用人际交往能力来应对和处理人际关系呢？接下来就让我们走进“行动在线”吧！

(2) 学生思考后交流下列问题：

①同学们在进行人际交往时应该掌握的技巧和小窍门等知识，你都知道吗？

②你对自己当前人际关系圈的看法，和谐还是不和谐？为什么？

(3) 小组合作，情境模拟演示，教师引导、学生适时评议并进一步探究缘由。

4. 拓展延伸，巩固提升

(1) 学生思考：我们在处理身边的人际关系问题时，是否用到了上面所讲的小技巧、小窍门？

重点引导学生根据自己上学、放学的方式来具体谈。

(2) 人际交往能力的重要意义有哪些？

先引导学生自己谈理解、谈体会，然后在小组内交流，进一步厘清认识。小组汇报交流，老师引导学生进行合理补充。

5. 回顾总结，畅谈收获

引导学生交流学习本课后的感想和收获。

6. 布置作业

继续收集有关人际交往方面的案例，辩证地思考人际交往能力对青少年学生的影响，使学生们学会用正确的态度去看待和认识人际关系问题，并且学会用正确的方式、方法去应对和处理人际关系问题，以求我们的中学生们在今后进行人际交往时能够更好地保护自己，促进集体和谐，实现自我的价值。

【简要评析】

人际交往对于我们广大的初中生来说，是非常重要的。当今社会的青少年，尤其是初中生，刚刚接触到、体会到复杂的社会关系，他们当中的一大部分不懂，甚至缺乏有关人际交往方面的知识和技能。现在的青少年大多是独生子女，来自家庭的溺爱使得他们的“自我中心”意识尤为严重，如果不掌握一些必要的人际交往方面的知识和技能，他们就很有可能受到严重的身心伤害，甚至付出生命的代价。根据上面的教学设计，教师可以在课堂上针对初中学生人际交往方面经常出现的某些问题进行有针对性的教学，让学生们在轻松的教育教学过程中熟悉和掌握必要的应对和处理人际交往问题的正确方式，达到培养学生正确意识、维护学生身心健康的目的，同时还可以进一步拓展学生们的眼界。总之，该教学案例是一个有关初中学生人际交往需要保护自己的典型教学设计。

三、教学素材

【相关案例】

中学生人际交往各种障碍及案例

1.认知障碍

小肖以优异的成绩考入初中。入学后，他偶然得知自己的分数比班上大部分同学高出许多，因此，他产生了一种优越感。在与其他同学的交往过程中，他总是不自觉地扮演着“优胜者”或“领导者”的角色，以居高临下的姿态与周围的同学交流，总觉得自己高人一等。他常常在不经意间伤害别人，造成与同学之间的冲突和摩擦。不仅如此，他甚至连自己的任课教师都不放在眼里。渐渐地，同学们离他远去，不愿意与他交往；教师也对他产生了不良的“观感”，对他印象不佳。在“离群索居”的孤独中，小肖逐渐陷入了极度苦闷的情绪之中。

下面我们来谈一下有关本案例的案例分析与策略，小肖的人际交往状况不佳，完全是由其认知障碍所导致。认知障碍所导致的人际交往问题主要表现为人际排斥。一个人如果不能客观地评价自己或他人，就会形成自卑或自负的自我认知偏差；自卑也好，自负也罢，都会直接影响其人际交往状况。认知障碍的具体表现有：对人际关系好坏界定的认知偏差、对他人评价的认知偏差、对自我评价的认知偏差等。上述案例中，小肖的认知障碍主要表现为对自我评价的认知偏差。他过高地估计和评价自己，同时又过低地估计和评价别人，自负心理膨胀，自以为是，盛气凌人；在人际交往中，从不考虑对方的需要和感受，这样的人在人际交往中必败无疑。马克思说："友谊需要用忠诚去播种，用热情去灌溉，用原则去培养，用谅解去护理。"毫无疑问，良好的人际交往关系也应建立在相互理解、相互宽容、相互接纳、相互承认、相互尊重的基础之上，而不是相互猜忌、相互讥讽、相互排斥。因此，中学生在人际交往过程中，必须自觉地排除认知障碍，在正确看待自己的同时，更要正确地认识他人；教师更要帮助学生克服自身的认知障碍，这样，学生之间的人际关系才能和谐融洽。

2. 情感障碍

小王和小胡原本是一对好朋友。平时他们一起出入教室、实验室、宿舍、食堂，可谓情同兄弟，形影不离。他们有共同的兴趣爱好、共同的人生目标；他们互相帮助、互相关心，两人的学习成绩都很好。后来，小王被同学们推选为班干部，这时小胡的心理就失去了平衡。他认为，两人的学习成绩、工作能力等都不相上下，各方面表现也差不多，为什么好友小王能当干部，还被评为"三好生"，而自己却"一事无成"呢？小胡百思不得其解，越想心情越糟糕，心中开始滋长不满和怨恨情绪。从此，两个好友开始疏远。小胡还经常无中生有，造谣中伤，使小王受到伤害，两人的关系越来越紧张，一对好朋友似乎变成了仇人。

下面我们来谈一下有关本案例的案例分析与策略，情感是人们对客观事物是否符合自己的需要、愿望和观点而产生的判断和内心体验，是一种好恶倾向。情感在人际交往过程中，不仅具有动力作用，推动或阻滞交往行为；还具有重要的信号交际功能，传达着交往的信息。当消极的"情感信号"在交往对象之间传递时，交往的状况是不容乐观的。人在冷漠、忌妒、悲观、羞怯、自闭、自恋等消极情感的支配下，就会产生相互排斥。这就是人际交往中的情感障碍。上述案例，在中学生的人际交往中屡见不鲜，其根源是“忌妒”这种情感障碍在作祟。我们常常看到这样的情况：有的学生认为，自己在某些方面不如别人，如相貌、家庭环境、学习成绩、能力素质、人际关系等，于是他们对比自己“强”的同学又妒又恨，在背后千方百计地诋毁他人。这种忌妒心理产生的根源，正如培根所说：“忌妒者往往自己没有优点，又找不到别人的缺点，因此，他只能用破坏别人幸福的办法来安慰自己。”忌妒是对人伤害最大、最严重的一种情感障碍表现。忌妒是痛苦的制造者，是一种十分狭隘而又危险的情感状态；它不仅严重影响人际关系，而且强烈的忌妒心可能吞噬人的理智和灵魂，在忌妒心的驱使下，有人采取造谣、中伤甚至更极端的做法，来达到心理平衡，最终害人害己。忌妒是人际交往的大敌。教师要教育学生：在人际交往中，务必保持清醒的头脑，应多从提高自身修养上下功夫，要树立自信心，要勇于接受自己、悦纳自己，继而完善自己、提升自己；一个人的价值不在于你自身条件的优劣，而是因为你的存在，存在本身就是价值。要让学生切记：在与别人交往的过程中，忌妒只会失去别人的信任和尊重，到头来，也就失去了自我和本真。“师生之间的关系决定着学校的面貌。”新型的师生关系就是要体现尊重、民主、平等、发展、和谐的关系。正确的学生观和教师观是建立良好师生关系的重要因素。要相信，师生之间是心相通、情相连的，学生的心灵永远向他们的教师敞开着。总之，班主任是与学生接触最多的人，也是学生最容易亲近的人。建立了良好的师生关系，师生之间的心理距离拉近了，开展班级工作便会如鱼得水、游刃有余。

四、知识链接

国外一些有关人际交往的研究成果

(一) 人际交往顺利进行的案件

国外学者在进行人际交往科学研究时，得出结论认为，通常人际交往的顺利进行有赖于以下条件：

（1）传送者和接受者双方对交往信息的一致理解。

（2）交往过程中有及时的信息反馈。

（3）适当的传播通道或传播网络。

（4）一定的交往技能和交往愿望。

（5）对对方时刻保持尊重。

（二）人际交往的秘诀

国内外人际关系学家在研究人际交往时，总结出的一些交往秘诀。

1. 感情愉悦

大家彼此喜欢和对方交往，并能从交往的过程中有所收获，交往就得良性循环，进行下去。如果交往变成了负担，变成了没有意义的纯粹是浪费时间的活动，那这样的交往不会长久。感情愉悦往往作用于交往的前期。

2. 价值观相似

交往的过程中，彼此的价值观相似，不仅可以得到支持和共鸣，而且可以预测对方的行为倾向，这样，双方就比较容易适应。价值观相似到了交往的后期起很大作用，很多人因为价值观的分歧而最后分道扬镳。

3. 慎重给人提建议

人际交往中最大的危险，就是在别人没有征求意见的时候提建议，有些人会拒绝采纳建议，无论这些建议有多好，或者你的初衷有多高尚，如果你坚持这样做，你和他们之间的关系就会受到影响。不要再把时间和精力浪费在试图解决别人的问题上了，这也包含你的配偶、朋友和工作上的伙伴，这种试图解决他们的问题的做法，等于是在说他们没有能力做好这件事，对于主动提出建议这种行为，智者不需要建议，傻瓜不采纳建议。当有人来向自己征求建议的时候，要先弄清楚他希望得到什么样的建议，然后再向他提出这种建议，向人们提供他们希望的建议，这可能是一种解决那些实际上并不重要的问题的好策略。

4. 善于倾听别人说话

善于倾听别人说话是关键，在与别人交流的时候，仔细认真地听别人说话，就能够很准确地理解和领会别人想要表达的思想，以及说话的目的，这样就能够准确地表达自己的思想，表达自己的观点，能够很好地与人交流和沟通，达到事半功倍的效果。

5. 换位思考

做什么事都要换位思考，遇到事情时，不妨站在对方的角度去思考问题，从对方角度出发，学会换位思考，把事情做到最佳，假如对方是领导就更应该注意这一点，但是前提必须把自己的思维上升一个高度，假如我是领导，希望你如何去做，会产生什么样的效果，得与失都能想明白，做事得当、合理，养成这样的思维习惯，在处理很多问题上，就能轻松自如、恰到好处。

（三）交往禁忌

沟通顺畅，办事也会非常顺利，可若出言不当，则可能埋下心结。美国一个知名网站总结了人际交往中容易犯的十个错误，指导我们躲开人际交往"雷区"，使我们能在人际交往中更好地保护自己并赢得别人的信任。

错误一，不做自我介绍。无论何种场合，相互认识是进一步交流的前提。无论遇到谁，主动自我介绍是避免尴尬的关键点之一。

错误二，接电话时不回避。在公共场合，大声打电话会特别显眼甚至招人厌，最好先道歉并把音量放小声点，这是避免他人反感的不二法宝。

错误三，夸夸其谈、自吹自擂。聊天过程中有意无意地把话题往自己身上引，往往给人以自夸、爱显摆的印象，给人留下不好的印象。

错误四，对待服务员态度粗暴。态度是良好沟通的前提，无论他人是什么身份，粗暴的态度、自以为是的神情，只会让人觉得你这个人不可理喻。

错误五，总是迟到。每个人都希望被尊重，迟到虽然能找借口蒙混过关，但会让对方觉得你不重视这段关系。次数一多，感情也会大打折扣。

错误六，不让座。让座给更需要的人，是最基本的人性表现。如果仅想着让自己舒服一点，会在不知不觉中，给人留下自私、冷漠的印象。

错误七，争账单。出手大方会让人觉得你很热情，但没必要死磕。同学聚会，有人建议 AA 制时，不要你争我抢、争得面红耳赤，否则下一次大家可能不敢在一起娱乐了。

错误八，占用公共设施。如在公园占着健身器械当椅子坐、随处放东西、擦抹汗渍等，这些小小的动作，只会惹人反感。

错误九，双手抱胸前。说话时双手抱于胸前，会让人感觉你对他是有防备的、想拒绝他，让人觉得不被信任。

错误十，小动作太多。说话时总是敲手指头、挖耳朵、玩指甲等，会让人感觉你心不在焉。